cent dictées
de notre enfance

ISBN : 2-258-07047-3
Code éditeur : 435
Dépôt légal : septembre 2006
Imprimé en Espagne

cent dictées de notre enfance

Textes réunis
par Albine Novarino
Photographies
de Michel Maïofiss

omnibus

Dans les bourgs bretons blottis non loin des dunes et battus des vents d'automne, dans les gros villages de Provence qu'assoupissent les premières chaleurs de la saison tandis que le crissement des cigales va croissant, dans les banlieues de Cours-la ville, Tizy ou Amplepuis, quand avaient retenti les sirènes appelant les ourdisseurs et les effilocheuses à pénétrer dans les usines, soudain, le temps se figeait.

C'était dans la classe de l'école. Et l'instant crucial pouvait ne concerner qu'une partie des élèves ; par exemple ceux qui étaient promis au certificat d'études.

Les desseins du maître étaient souvent impénétrables mais il y avait tout de même certains rites qui revenaient avec la fréquence des marées ou les retours de la pleine lune.

Dans le silence de plus en plus étale, tous et toutes, même ceux et celles du fond près du poêle ou du radiateur, avaient pressenti- à mille imperceptibles indices- l'imminence de ce qui pour certains représentaient un danger et pour d'autres une source de délices quasiment inépuisables. Effectivement, quelques instants plus tard, la voix magistrale laissait tomber :

Vous écrivez « dictée »
Marge à droite de quatre carreaux, comme d'habitude.
Et zéro à ceux qui trichent d'une manière ou d'une autre.

Dès lors nul attardé ne se souciait plus du murmure des feuilles dans les gros marronniers de la cour, nulle amoureuse éperdue des fournitures scolaires ne laissait plus son doigt errer rêveusement sur un adorable buvard rose petit cochon sur lequel on pouvait lire en lettres couleur rouge sang :

Boucherie Perrin
La Praz par Modane
Savoie

Dans le temps arrêté, dans l'espace figé, la voix lisait une première fois la dictée et martelait les syllabes. C'était parfois, aux heures de fatigue et de découragement, du haut du bureau trônant sur l'estrade que se détachaient les phrases. D'autres fois, dans l'excitation du bal des pompiers tout proche ou dans l'expectative du match de foot contre les fonctionnaires des impôts, la maîtresse arpentait la salle en prenant bien soin de ne pas s'embroncher dans les cartables et les paniers du goûter. Au fil de ses pas lents, elle aussi, elle détachait les mots et insistait lourdement sur les liaisons et sur les signes de ponctuation, notamment les forts.

L'émoi des élèves était à son comble ; plus question de rêvasser ou de musarder en taillant son crayon de papier, il fallait suivre coûte que coûte et ne pas prendre de retard ; chacun connaissait fort bien le tarif en vigueur : un mot oublié, ça compte une faute et qui plus est une faute de grammaire qui ira bien vous chercher entre quatre et deux points. Derechef, il fallait se souvenir de mille règles : celle des participes passés employés avec avoir, celle des mots noms terminés en -é , sans compter quelques brimborions attachés aux sacro-saintes conjugaisons et qui feraient perdre le nord à plus d'un capitaine.

Les cerveaux subitement enfiévrés que n'apaisaient pas les premières pluies d'automne faisant exhaler les parfums des buis qui entouraient la salle de gymnastique se cramponnaient à quelques valeurs sûres : « s entre deux voyelles se prononce z » ou bien encore « quand je peux remplacer a par avait, c'est le verbe avoir et je ne mets pas d'accent ».

Exercice pédagogique par excellence et collector en diable sitôt terminées les années de jeunesse d'un certain Ferry, Jules de son prénom, la dictée était censée mesurer la compétence orthographique des élèves. Il s'agissait principalement de sanctionner (très souvent) ou de valoriser (parfois) deux types d'orthographe.

Il y avait l'orthographe lexicale : les têtes blondes devaient savoir écrire, dans l'absolu, brut de fonderie et hors de tout contexte des petites choses d'un usage plus ou moins fréquent comme par exemple : amphigourique, alacrité, développement, amnésie, casserole, violette, carotte, mourir, exacerber, camembert.

Il y avait l'orthographe grammaticale qui exigeait que l'on sût écrire dans leur contexte - précieux comme la châsse des joyaux du diadème royal- mille joyeusetés enchevêtrées telles que :

« Les belles orchidées que nous cueillîmes avant-hier dans les superbes propriétés jouxtant les châteaux de vos tantes furent davantage appréciées de l'archimandrite et du vicaire que celles que vous cueillîtes le lendemain , sur l'ubac, en amont des rus desquels nous nous entretîmes à la veillée après avoir échangé des billevisées. »

Ou bien encore :

« Bien qu'il n'eût guère bénéficié d'une excellentissime formation intellectuelle classique, mon charismatique aïeul eût été fort à même de vous décrire par le menu un ourdissoir, une houe ; il vous eût entretenu aussi brillamment de la parousie ou de l'eschatologie. »

Mais trêve de frayeurs, ne nous hasardons pas à conjuguer les verbes essuyer, balayer et croire à l'imparfait du subjonctif ou, soyons fous, au passé deuxième forme. Force est cependant bien d'admettre que les dictées de l'enfance plongeaient et plongeraient encore les plus studieux d'entre nous dans les affres : je mets un i ou un y ? je double la consonne ou pas ? et ce pauvre participe qui me paraît sur le fond plus passé que présent, avec quoi, est-ce que je pourrais bien l'accorder ? Et je te gribouille sur mon brouillon les différentes possibilités et plus je gribouille plus je m'embrouille. Et, tiens... si je louchais juste un peu sur la copie de mon voisin pour voir ce qu'il a écrit, lui dont le père est secrétaire de mairie, il doit avoir l'orthographe naturelle, non ?

Surtout, les sacro-saintes dictées de notre enfance avaient cet apanage si rare qu'il en est presque unique de nous dévoiler des mondes. Qu'elle fût courte ou longue, d'auteurs de seconde zone ou d'écrivains célèbres, chaque dictée offrait une vraie immersion dans un véritable univers. Qu'en soient au passage dûment remerciés instituteurs et inspecteurs, éditeurs et autres sélectionneurs de dictées plus ou moins patentés, cohortes d' anthologistes spécialisés dans le trébuchet qui collaborèrent à ce bien culturel éminemment français : les recueils de dictées pour tous les âges.

Chaque dictée nous arrache à notre vie de l'instant ; il est neuf heures vingt en ce 20 janvier 1947, le ciel est bas et blanc, les contours de Sallanches s'estompent peu à peu ; il onze heures dix , en ce 6 juin 1953 et les sirènes des pompiers indiquent assez qu'il y a du roussi vers Aubagne ; mais ni les écoliers de Sallanches ni ceux de Marseille ne prêtent attention au décor présent ; pour eux rien ne compte que la dictée ; chaque tête penchée dans le crissement des plumes sergent-major est baissée comme pour mieux conquérir un univers qui marquera à jamais son imaginaire ; les mots s'ajoutent les uns aux autres, les phrases composent des mondes et l'on soupe au Canada avec les bûcherons, on passe Nanterre dans le carrosse dont se moque la marquise de Sévigné, on suit les mouvements précipités de la poule de Jules Renard, on hume les fragrances du marché de Goderville en compagnie de Maupassant.

Au gré des saisons, au hasard de l'avancée (ou du retard) des révisions - de la finale des noms communs terminés par le son u aux homonymes hétérographes mais homophones- on entre dans une charcuterie sur les traces de Zola, crayon en main, comme tout bon naturaliste qui se respecte. Bien sûr, on ne comprend pas vraiment bien ce que signifie « sur le premier gradin de cette chapelle du ventre », mais rares sont ceux et celles qui n'ont pas l'eau à la bouche en écrivant « jambonneaux » : deux n, eau, pluriel irrégulier en x ; les boudins : ouf! qu'on les apprécie ou non, peu importe au fond; c'est un mot tout simple, un mot comme on les aime et qui s'écrit comme il se prononce. Puis vient la divine période de la distribution des prix et l'on planche sur Diderot, dont le père, coutelier à Langres, éprouva une si douce fierté à voir son turbulent de fils couronné de prix. Mais comme il commence à faire chaud, on a la nostalgie des froides journées d'hiver et l'on songe - est-ce bien raisonnable de se disperser ainsi ? - aux dictées de la fin du premier trimestre qui évoquaient Noël, les sapins, les bonbons, les joujoux (tiens, une exception grammaticale!) et les glissades sur les routes et chemins verglacés (et d'ailleurs pourquoi verglacés alors que l'on écrit verglas?).

Mais les mondes qu'ouvraient les dictées pour des voyages immobiles mais ô combien féeriques et constructifs étaient aussi contenus en germe dans les exercices préparatoires aux dictées ; ces phrases qui attiraient l'attention des plus malins sur des pièges potentiels étaient recopiées et dictées aussi bien du côté de Ploërmel que de Biarritz, Bourges ou Sarreguemines . Sur le fond, leur diversité n'avait d'égale que leur aspect insolite; qu'on en juge un peu par un échantillon assez représentatif:

« A la campagne on danse au son du violon »

« Léon sera le soutien de sa famille »

« La cuisinière a une écumoire »

« La foudre a tué un ami de mon père »

« Evite la routine. »

Chaque phrase était comme un début de roman qui faisait songer avec plus ou moins de bonheur aux énoncés des problèmes de mathématiques qui suivraient la dictée: un voyageur de commerce partirait de Nantes pour se rendre à Angers, naturellement les trains auraient du retard et il faudrait se casser la tête sur des itinéraires et des horaires incompatibles tandis qu'une baignoire se mettrait à couler et qu'il faudrait troisièmement calculer en pourcentage combien de roues de secours le garagiste prévoyant devait commander à la grand-ville compte- tenu du nombre de crevaisons sur les chemins vicinaux.

Aux casse- têtes succédaient parfois des moments plus calmes; on recopiait la morale du jour et l'instituteur y allait de sa petite explication et c'était au moins une bonne dizaine de minutes de vacances; la vie de Blaise Pascal qui affirmait :

« Tout le malheur des hommes vient de ce qu'ils ne peuvent rester enfermés dans une chambre »

ne retenait guère l'attention que des Clermontois qu'émerveillait l'expérience scientifique brillamment réalisée dans leur ville.

« Le silence est d'or et la parole est d'argent »

c'était simple à écrire, aisé à retenir, mais sur le fond c'était très abstrait notamment pour les bavards et les agités de toute espèce qui n'attendaient guère jamais qu'une chose : la récré.

Et c'est pour rendre à cet album l'authenticité de ces années aussi heureuses que perdues qui comptaient les stress en points (un quart pour la ponctuation, un demi pour un accent, un pour une faute d'orthographe lexicale, deux pour une faute de grammaire) que la rubrique C'est la récré nous rappelle nos plus belles comptines et nos plombinettes d'avant les jeux à plusieurs dans la cour et sous le préau.

Ainsi, cette excursion au pays perdu des premières années d'école d'autrefois sera-t-elle délicieusement nostalgique et réveillera de doux souvenirs à peine endormis; mais elle pourra aussi être magistralement efficace ; qui interdira aux parents et aux grands-parents des écoliers d'aujourd'hui de recopier les mots du répertoire, de préparer ces textes canoniques et patrimoniaux, de les dicter ou se les faire dicter? Qui oserait imaginer une seconde que les correcteurs orthographiques de nos belles machines nous dispensent de savoir écrire les mots dans leur justesse et leur harmonie afin de percer leurs mystères, afin qu'ils nous servent dans leur plénitude à écrire à notre tour de belles histoires… Les plumes sergent-major ont disparu, les canifs pour tailler les crayons aussi, les ardoises en provenance directe de la carrière aussi, tout comme les hannetons dans les plumiers… mais la dictée , cette exception culturelle que le monde entier nous envie peut-être sur le fond autant que notre cinéma a encore de très belles heures devant elle.

Albine Novarino

Librairie Armand Colin, 5, rue de Mézières, Paris.

Cours de Dictées

PAR MM.

LARIVE ET FLEURY

Dictées d'Année préparatoire,

correspondant à l'**Année préparatoire** de Grammaire, par MM. Larive et Fleury. 325 Dictées, Orthographe grammaticale, Orthographe d'usage.

Livre de l'Élève. 1 vol. in-12, cartonné. . . . . » 75

Dictées de Première année,

correspondant à la **Première année** de Grammaire, par MM. Larive et Fleury. 300 Dictées, Orthographe grammaticale, Orthographe d'usage.

Livre de l'Élève. 1 vol. in-12, cartonné. . . . . » 90

Dictées de Deuxième année,

correspondant à la **Deuxième année** de Grammaire, par MM. Larive et Fleury, 200 Dictées, Orthographe grammaticale, Orthographe d'usage.

Livre de l'Élève. 1 vol. in-12, cartonné. . . . . » 75

Série n° 2. Paris. — Imp. E. Capiomont et Cie, rue de Seine, 57. (N° 246)

COURS MOYEN — 9 à 11 ans

LA PREMIÈRE ANNÉE

de Grammaire

PAR

LARIVE & FLEURY

Théorie

350 exercices

Rédaction

et Élocution

163e édition

Librairie Armand Colin

5, rue de Mézières, Paris

L'automne

Semaine 1

La dictée du jour
La première classe

Un jour, un après-midi de l'année 1848, ma grand-mère m'appela, et, me prenant par la main, me dit : « Veux-tu venir avec moi faire une commission ? » Je voulus bien. Après une centaine de pas, ma grand-mère s'arrêta devant une maison que je connaissais, mais où je n'étais jamais entré ; sa main serra la mienne qu'elle sentait vouloir s'échapper : « Nous allons crier bonjour à mademoiselle Adèle en passant », me dit-elle. Je fis un effort pour me dégager ; la main de ma grand-mère serra davantage et m'entraîna jusqu'au seuil.

Nous entrâmes ; mademoiselle Adèle, la fille du maître d'école, leva les bras en l'air et cria : « Te voilà ! Te voilà ! » Elle me prit par la main, ouvrit une porte et me poussa doucement de l'autre côté. J'étais dans l'école.

Le maître vint au-devant de moi ; il me prit par la main – tout le monde me prenait par la main ce jour-là – et me conduisit près de sa table, l'unique table de l'école.

Pendant cette première classe, je regardai travailler les autres.

Ernest Lavisse, *Souvenirs*

La morale du jour

Il me semblerait que je commets un vol si je passais une seule journée sans travailler.

Louis Pasteur

Orthographe

Davantage ou d'avantage ?

Davantage est un adverbe de quantité qui signifie plus et qui s'écrit en un seul mot.

Exemple : « Je n'aime plus que deux ou trois livres, à peine davantage de tableaux. » Marcel Proust, Correspondance

D'avantage est l'article suivi du nom commun avantage qui signifie atout, profit, intérêt.

Exemple : Cette situation présente plus d'avantages que d'inconvénients.

La dictée des grands
Les feuilles tombent

Le vent a soufflé ; les feuilles ont résisté. Les pluies sont apparues ; les feuilles ont résisté. La gelée survient… C'est fait, l'apothéose va finir ! Ecoutez bien ! Un rayon de soleil touche la cime de l'arbre : une feuille descend, heurte une autre feuille, qui la suit, en entraîne une autre, une autre encore… C'est le signal de la plus noble des processions funèbres, si luxueuse qu'on croirait un cortège nuptial ! Cela dure une heure, deux heures… Ensuite, au pied du mûrier tout nu, il y a un tapis d'or. L'été est fini.

Gaston Chérau, *Valentine Pacquault*

La dictée des moyens

Thème : Mots de plus de trois syllabes

Une savate, une capucine, le bocage, la devise, une pilule, le potage, une narine, du jujube, une rosace, le ramage de la serine, la milice, une menace, de la salive, une savane, du cacao, un bagage, une pagode, la figure, une olive, une obole, une tirade, une rature, un nuage, une racine, un parasol, une solive, une alouette, une remise, une camisole, une idole, une tirelire, du macaroni, une matelote, un mariage, la solitude, le domicile de papa, un bon camarade, une capitale, un volume.

Un nuage

Une rosace

Une pagode

Orthographe

La consonne qui suit une voyelle peut être simple ou double selon l'usage et la prononciation.
Exemples : la butte, la chute, aggravation, agrandissement, souffrir (du froid), soufrer (la vigne).

A vos répertoires !

Mourir, courir, comparer, bourrer, chiffon, contrefaçon, souffler, offenser, un gouffre.

La copie des petits

Tant que l'acacia verdit
L'automne n'entre pas.

Arc-en-ciel du matin, pluie sans fin
Arc-en-ciel du soir, il faut voir.

Dictons.

Un arc-en-ciel

La dictée du certif

Les canards sauvages

A peine l'hirondelle a-t-elle disparu qu'on voit s'avancer sur les vents du Nord une colonie qui la vient remplacer afin qu'il ne reste aucun vide dans nos campagnes.

Par un temps grisâtre d'automne, lorsque la bise souffle sur les champs, que les bois perdent leurs dernières feuilles, une troupe de canards sauvages, tous rangés à la file, traverse en silence un ciel mélancolique. S'ils aperçoivent du haut des airs quelque manoir gothique, environné d'étangs et de forêts, c'est là qu'ils se préparent à descendre : ils attendent la nuit et font des évolutions au-dessus des bois. Aussitôt que la vapeur du soir enveloppe la vallée, le cou tendu et l'aile sifflante, ils s'abattent tout à coup sur les eaux qui retentissent. Un cri général suivi d'un profond silence s'élève dans le marais.

Guidés par une petite lumière qui peut-être brille à l'étroite fenêtre d'une tour, les voyageurs s'approchent des murs à la faveur des roseaux et des ombres. Là, battant des ailes et poussant des cris par intervalles au milieu du murmure des vents et des pluies, ils saluent l'habitation de l'homme.

Chateaubriand, *Le Génie du christianisme*

Semaine 2

La dictée du jour
Le marchand de marrons

Les girouettes des maisons tournent et grincent, affolées ; les fenêtres mal closes gémissent à fendre l'âme, tandis que seul, au coin de la rue, le débitant de marrons demeure impassible, hurlant aux passants transis : « Eh ! chauds, chauds, les marrons !... »

Il est là, dans son échoppe, allumant la braise, utilisant avec son soufflet les charbons du fourneau, écoutant de toutes ses oreilles les papotages, les parlotes, les cancans des laitières et des concierges.

Va, éreinte-toi, souffle sur les fumerons, aspire à pleine bouche la vapeur des cuissons, emplis-toi la gorge de cendre, trempe dans l'eau tes mains bouillies et tes doigts grillés, égoutte les châtaignes, écale les marrons, gonfle les sacs, vends ta marchandise aux enfants goulus, aux femmes attardées : hue ! philosophe, hue ! entonne à tue-tête, jusqu'à la pleine nuit, sous le froid ton refrain de misère : « Eh ! chauds, chauds, les marrons !... »

Joris-Karl Huysmans, *Croquis parisiens*

girouettes les ~~j~~irouettes des maisons
tournent et grincent, affolées

Marrons Chauds
3€
MARRO

Orthographe

On forme en général le féminin des noms en ajoutant un e à la forme du masculin.

Exemples : un marchand, une marchande ; un Français, une Française.

La morale du jour

La superstition met le monde en flammes ; la philosophie les éteint.

Voltaire, *Dictionnaire philosophique*

Le roi

La voiture

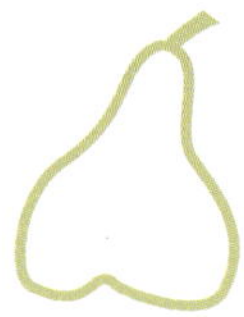

La poire

La dictée des moyens

Thème : Mots avec le son [oi]

Le roi de la fève. Une loi sévère. Voici la voiture de ma cousine. La toison du mouton. Un dé en ivoire. Marie a de la mémoire. Noémie a un voile noir. Une robe de moire. Ma mère a une écritoire. Cécile a vu la foire. La foi du fidèle. Léon a une poire. Un ciboire doré. La pivoine de ma cousine. La cuisinière a une écumoire. Une jupe noire. Aline a une petite armoire. Un riche convoi. Le laboratoire de papa. Un parloir. Un tiroir. Un promontoire. Un rasoir. Un lavoir.

La dictée des grands
La saison des vendanges

Octobre, qui est la saison des vendanges, marquait le triomphe de la cuisinière. C'était alors des rentrées et des sorties continuelles de vignerons qui occupaient le pressoir et qu'il fallait nourrir à grand renfort de choux et de jambon, de bœuf bouilli et de pommes de terre…
Nous profitions de cette agitation, mes frères et sœurs et moi, pour nous établir sur les chenets, les poches pleines de noix que le vent avait secouées là-bas sur le chemin de la ferme ou que nous avions abattues avec des gaules, sans permission.
Un caillou nous servait de marteau pour les écraser sur la pierre. Si la coque verte leur était restée, il en jaillissait un jus qui tachait les mains et les habits et dont les meilleurs savons ne parvenaient pas à chasser les signes révélateurs. Mais le fruit pelé, bien blanc, pareil à un dîner à la broche pour dîner de poupée, craquait sous la dent délicieusement.
Ou bien nous faisions griller des châtaignes sournoisement, sur un coin du fourneau. Et nous goûtions le plaisir d'avoir chaud par tout le corps, après avoir subi au-dehors, en traînant nos pieds dans les feuilles sèches, les bises de l'automne, qui, dans mon pays, sont âpres et dures.

Henry Bordeaux, *La Maison*

La copie des petits

Le meilleur médecin est la marmite.

Dicton savoyard.

Il y a assez à faire de regarder ce qui cuit dans sa marmite, sans aller regarder ce qui cuit dans celle du voisin.

Dicton.

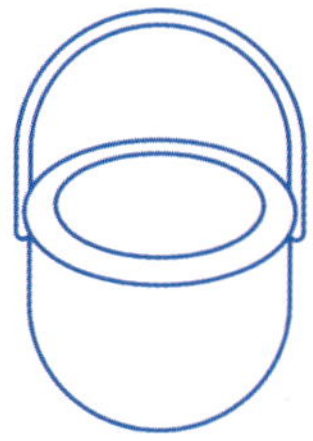

Une marmite

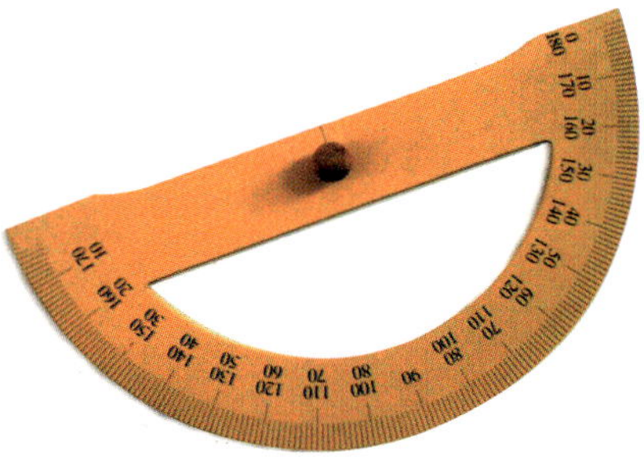

Orthographe

Les noms terminés par s, x ou z au singulier sont invariables.
Exemples : un lys, des lys; un nez, des nez; un silex, des silex; une noix, des noix.

Un lys

La dictée du certif

L'hiver, les oiseaux se cachent-ils pour mourir ?

Cependant l'hiver était là : les pinsons se rassemblaient par troupes, les mésanges quittaient les bois pour les jardins, les grives descendaient dans les prés, et les rouges-gorges venaient autour des maisons.

C'est l'époque où l'on balaie les feuilles dans les châtaigneraies, où l'on cure les rigoles des prés, où l'on ramasse le gland, toutes choses que les gens font en s'amusant : il n'y a pas d'ouvrage pour les journaliers en ce temps-là.

Voyant qu'elle n'aurait pas de travail autrement, ma mère chercha donc du chanvre à filer et en trouva…

Pour m'amuser, pendant que ma mère filait sans relâche, moi je m'essayais à faire des cages d'osier, ayant pour tout outil mon couteau et une baguette de fer, que je faisais rougir pour percer les trous des barreaux.

L'hiver, on dit que c'est la bonne saison pour les riches ; mais, pour les pauvres, il n'en va pas de même ; il leur faut chômer lorsqu'il pleut ou neige, et jeûner aussi souvent… Ils sont obligés de passer les mois de gel avec leurs habillements d'été.

Eugène Le Roy, *Jacquou le Croquant*

Semaine 3

La dictée du jour
La classe des petits

Le rang de ma mère était sensiblement plus long que les autres. Elle avait près de soixante-dix élèves, dont son fils à qui elle devait apprendre à lire... Nous ne savions rien. Nous étions de petits animaux désagréables et taquins, toujours prêts à larmoyer ou à faire une niche. La maîtresse était au milieu de nous.

On nous avait donné un livre et un cahier couverts de papier bleu. Nous étions bien incapables de lire le livre ou de faire sur le cahier autre chose que des dessins à notre idée. Mais c'était défendu ; c'eût été un sacrilège. Le « cahier du jour » qui portait notre nom à l'encre rouge était sacré.

Petit à petit, nous devenions sages. Nous écoutions, les bras croisés. Maman allait vers les tableaux, en tournait un, et nous restions là, bouche bée, dans l'extase de savoir ce que serait la leçon de ce matin.

C'était un miroitement de dessins, de lettres assemblées avec de la craie rouge, blanche, bleue ou verte. Le son à étudier était détaché.

Ma mère expliquait la leçon et nous la répétions en chœur. « Allons, épelez ensemble », disait-elle en montrant chaque mot avec sa baguette. Nous étudiions en psalmodiant et maman finissait par chantonner aussi en épelant avec nous pour nous entraîner.

Georges Le Sidaner, *A la volette*

La morale du jour

Il ne faut pas avoir honte de demander ce que l'on ne sait pas.

La dictée des moyens

Thème : Mots avec le son [our]

La tour du donjon. Le détour du chemin. La bourrique va à son moulin. Une gourde de vin. Le retour de mon ami. La bourse de la dame riche. Une poche lourde. Une course à califourchon. Une petite bourgade. Une bonne-maman sourde. Un bon labour. Un four énorme. Le jour de la fête de papa. La cour du roi. Le gourdin du pèlerin. La cigale et la fourmi. La source de la rivière. Le bonjour de mon ami. Un séjour désiré. Une courbature.

La dictée des grands

La poule

Pattes jointes, elle saute du poulailler, dès qu'on lui ouvre la porte.
C'est une poule commune, modestement parée et qui ne pond jamais d'œufs d'or.
Eblouie de lumière, elle fait quelques pas, indécise, dans la cour.
Elle voit d'abord le tas de cendres où, chaque matin, elle a coutume de s'ébattre.
Elle s'y roule, s'y trempe, et d'une vive agitation d'ailes, les plumes gonflées, elle secoue ses puces de la nuit.
Puis elle va boire au plat creux que la dernière averse a rempli.
Elle ne boit que de l'eau.
Elle boit par petits coups et dresse le col en équilibre sur les bords du plat.
Ensuite, elle cherche sa nourriture éparse.
Les fines herbes sont à elle, et les insectes et les graines perdues.
Elle pique, elle pique, infatigable. De temps en temps, elle s'arrête.
Droite sous son bonnet phrygien, l'œil vif, le jabot avantageux, elle écoute de l'une et de l'autre oreille. Et, sûre qu'il n'y a rien de neuf, elle se remet en quête.
Elle lève haut ses pattes raides, comme ceux qui ont la goutte. Elle écarte les doigts et les pose avec précaution, sans bruit. On dirait qu'elle marche pieds nus.

Jules Renard, *Histoires naturelles*

La copie des petits

La poule rouge a couvé.
Les poules du couvent couvent.

La poule

C'est la récré !

C'est la poule grise
Qui pond dans l'église
C'est la poule noire
Qui pond dans l'armoire
C'est la poule brune
Qui pond dans la lune
C'est la poule blanche
Qui pond sur la planche.

Comptine

La dictée du certif
Lettre à l'instituteur

(Il s'agit d'une lettre qu'Albert Camus écrivit à son instituteur après avoir reçu le prix Nobel.)

Cher Monsieur Germain,
J'ai laissé s'éteindre un peu le bruit qui m'a entouré tous ces jours-ci avant de venir vous parler de tout mon cœur. On vient de me faire un bien trop grand honneur, que je n'ai ni recherché ni sollicité. Mais quand j'en ai appris la nouvelle, ma première pensée, après ma mère, a été pour vous. Sans vous, sans cette main affectueuse que vous avez tendue au petit enfant pauvre que j'étais, sans votre enseignement, et votre exemple, rien de tout cela ne serait arrivé. Je ne me fais pas un monde de cette sorte d'honneur. Mais celui-là est du moins une occasion pour vous dire ce que vous avez été, et êtes toujours pour moi, et pour vous assurer que vos efforts, votre travail et le cœur généreux que vous y mettiez sont toujours vivants chez un de vos petits écoliers qui, malgré l'âge, n'a pas cessé d'être votre reconnaissant élève. Je vous embrasse de toutes mes forces.

Albert Camus, *Correspondance*

Semaine 4

La dictée du jour
La petite sœur malade

La petite sœur est malade.
L'autre soir, elle a été très rouge. Elle riait trop. Elle jetait ses jambes en l'air. On ne savait pas comment la calmer. Maman disait : « Comme elle est gaie ! » Mais papa n'était pas très content. Dans la nuit, elle s'est mise à tousser. Le matin, le médecin est venu. Il l'a regardée, il l'a tapotée par-devant et par-derrière, en écoutant. Enfin, il a dit qu'elle avait une grosse bronchite et qu'il fallait faire bien attention, parce que, sans cela, ça pouvait être sérieux. Papa est devenu un peu pâle et maman s'est mise à pleurer.

André Lichtenberger, *La Petite Sœur de Troll*

Orthographe

Les noms qui se terminent par le son [oer] s'écrivent -eur ou -œur.
Exemples : le dompteur, l'ascenseur, la liqueur, la splendeur.
Exceptions : le beurre, la demeure, l'heure, un leurre, un heurt.

À vos répertoires !

L'apiculteur, la vapeur, la rancœur, la rigueur, la candeur, la chaleur, la douleur, l'ardeur, l'humeur.

C'est la récré !

Les petits poissons dans l'eau
Nagent, nagent, nagent, nagent ;
Les petits poissons dans l'eau
Nagent, nagent comme il faut ;
Les petits poissons dans l'eau
Nagent aussi bien que les gros.

Comptines de langue française

La morale du jour

Il faut entretenir la vigueur du corps pour conserver celle de l'esprit.

Vauvenargues, *Réflexions et Maximes*

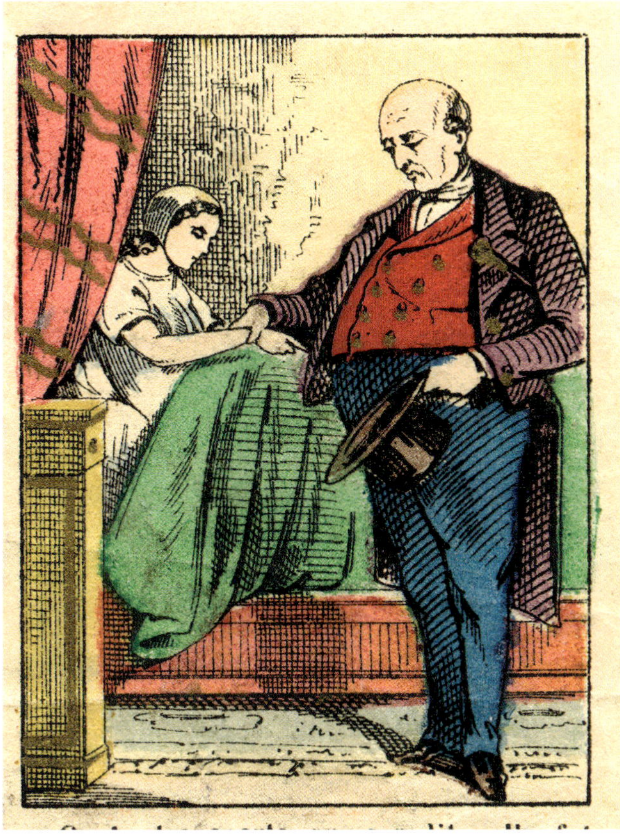

La dictée des grands
Un grand chirurgien

Sa virtuosité opératoire forçait l'admiration des plus jaloux, des plus haineux. Géraudin était né chirurgien. Il opérait magnifiquement, avec une rapidité, une précision, une certitude de geste qu'aucun de ses rivaux n'osait prétendre égaler. Un sang-froid, un esprit de décision incomparables avaient cent fois sauvé la vie à ses patients. En dix secondes, devant un ventre ouvert, révélant des désastres insoupçonnables, il prenait sans hâte, sans affolement, la décision qui convenait.

Maxence Van der Meersch, *Corps et Ames*

Orthographe

Tous les noms féminins terminés par le son [é] s'écrivent -ée.
Exemple : la soirée.
Exceptions : la clé (clef) et certains noms féminins terminés par -té ou -tié.

La fortune

La copie des petits

De fortune et de santé il ne faut jamais se vanter.
Dicton savoyard

Qui est maître de sa soif est maître de sa santé.
Dicton breton

La dictée des moyens
Thème : Emploi de l'apostrophe

Votre ignorance vous fera rougir. L'ignorance est parfois un vice honteux. Il y a eu une tempête affreuse. Bonne-maman a peur de l'orage. Votre huile est fade. L'huile de ricin purge très bien. La pendule marque une heure. C'est l'heure de votre étude. Notre horloge est magnifique. L'horloge de votre cousine est plus antique que la vôtre. Marthe a donné son orange à sa petite compagne. L'orange est d'un jaune foncé. Il est arrivé un bien triste accident. L'accident de ce matin aura une suite bien fâcheuse. Notre maîtresse nous a fait une très belle instruction. L'instruction est le bien le plus précieux. Votre entêtement sera la cause de votre malheur. L'entêtement de cet enfant le rendra insupportable à tout le monde. La Seine a son embouchure en Normandie. L'embouchure d'un fleuve est l'endroit où il se jette dans la mer.

A vos répertoires !

Eduquer, l'éducation, la banque, bancaire, indiquer, l'indication, embarquer, l'embarcation.

La dictée du certif
Ma mère

Sur un canapé de paille tressée est assise une femme qui paraît encore jeune, bien qu'elle touche déjà à trente-cinq ans. Cette jeune femme tient une petite fille endormie, la tête sur une de ses épaules. L'enfant roule encore dans ses doigts une des longues tresses noires des cheveux de sa mère, avec lesquelles elle jouait tout à l'heure avant de s'endormir. Une autre petite fille plus âgée est assise sur un tabouret au pied du canapé ; elle repose sa tête blonde sur les genoux de sa mère : cette jeune femme, c'est ma mère ; ces deux enfants sont mes deux plus grandes sœurs.

Alphonse de Lamartine, *Les Confidences*

Orthographe

Devant a et o, on écrit dans la plupart des cas g ou c au lieu de gu et qu.
Exemples : la navigation, vigoureux, la fabrication, un picotement.
Exceptions : le quartier, la qualité, le quotient.

Devant e et i, il faut placer un u après le g pour conserver le son [gue].
Exemples : la guenon, la guitare, le guichet.

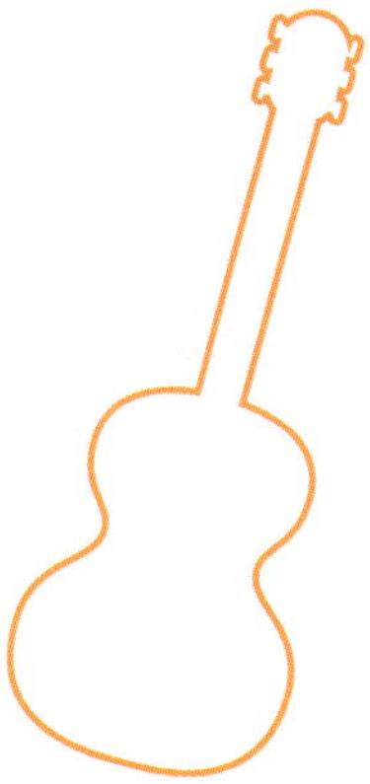

Une guitare

Semaine 5

La dictée du jour
Jour de marché

Sur toutes les routes autour de Goderville, les paysans et leurs femmes s'en venaient vers le bourg, car c'était jour de marché. Les hommes allaient à pas tranquilles, tout le corps en avant à chaque mouvement de leurs longues jambes torses... Les uns tiraient au bout d'une corde une vache, un veau. Et leurs femmes, derrière l'animal, lui fouettaient les reins d'une branche encore garnie de feuilles, pour hâter sa marche. Elles portaient au bras de larges paniers d'où sortaient des têtes de poulets par-ci, des têtes de canards par-là. Et elles marchaient d'un pas plus court et plus vif que leurs hommes, la taille sèche, droite et drapée dans un petit châle étriqué...

Guy de Maupassant, *La Ficelle*

À vos répertoires !

Le standard, le trépas, le franc, le remous, le paradis, le rempart, le prix, le refus, le bourg, le persil.

Orthographe

Pour trouver la lettre finale d'un mot, on peut en former le féminin.
Exemple : franc, franche

On peut également chercher des dérivés du mot dans lequel on entend la lettre.
Exemples :
le coing, le cognassier
l'essaim, essaimer

Attention à quelques difficultés :
abriter mais un abri
une brindille mais un brin
favoriser mais favori
déposer mais dépôt

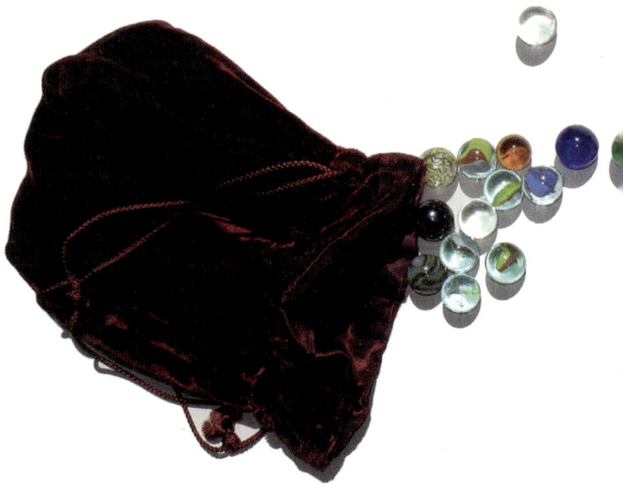

Orthographe

Les noms masculins terminés par le son [oir] s'écrivent généralement -oir.
Exemple : le perchoir.
Exceptions : le laboratoire, un ivoire, l'interrogatoire, le pourboire, l'observatoire, le réfectoire, le territoire.

La dictée des grands
Le repas à la ferme

Le repas du soir réunissait tout le monde. Chacun se plaçait à sa guise le long de la table, et la fermière remplissait les assiettes jusqu'au bord. Les jeunes mordaient à pleines dents dans leur pain, tandis que les vieux coupaient précieusement chaque bouchée. Tous mangeaient en silence, et le pain bis paraissait plus blanc dans leurs mains noires.
A la fin du repas, les plus âgés parlaient des récoltes avec le fermier, pendant que les jeunes causaient et riaient avec Martine, la grande bergère. C'était elle qui donnait le pain et versait à boire. Elle répondait en riant à toutes les plaisanteries.

Marguerite Audoux, *Marie-Claire*

La dictée des moyens

Thème : Noms au singulier et au pluriel

Un loup est dans le bois, les loups sont dans les bois. L'échalas de la vigne, les échalas de la vigne. Le cadenas du pupitre, les cadenas des pupitres. Les cabas de mes bonnes. Les racines des houx. Le revers de la médaille. Un beau nez fait l'ornement du visage. Les noix de ces noyers sont excellentes. Les tomates et les navets de notre jardin. Les taffetas sont des étoffes de soie. La cuisinière a préparé du riz. Un ris de veau, des ris de veau. Le procès du voleur. Les congrès des nations. On a puni ce marchand pour ses faux poids. Le pois et la fève, les pois et les fèves. Les maisons des bourgeois. Le villageois habite la campagne. Le succès des élèves. Le pays de papa est charmant. Les habitants du nord. Le salsifis est un légume, les salsifis sont des légumes. Le gaz éclaire la maison. Les gaz sont un danger dans les magasins. Le courroux des méchants est redoutable. Le logis du pauvre est triste. Les palais des rois. Une oasis au milieu du désert. Les oasis sont dans les déserts. Le rhinocéros. Les harnais et la selle de notre cheval. Les hautbois de l'orchestre. Le hautbois de papa. Le legs du mourant, les legs des mourants.

C'est la récré !

C'est la poule à ma grand-mère
Qui a pondu trois œufs par terre
Un cassé, un volé, un perdu,
Pars le chercher.

Un œuf cassé

Comptine

La dictée du certif
La ville s'éveille

Au-dehors, une rumeur monte. Sur le pavé de bois, des chevaux robustes traînent lentement des charrois pesants. Des camions automobiles font trembler les vitres. Cris de charretiers, bruits de trompes et de moteurs ! C'est le concert des grandes cités qui commence ! Des fournisseurs se disputent. Le laitier entrechoque ses brocs d'étain. Le boulanger jette sur les portes son pain qu'on servira, sans l'essuyer, dans une corbeille d'argent. Les boueux échangent entre eux des injures quand ils ne s'unissent pas contre les domestiques qui, en bâillant encore, balaient le trottoir.

Germaine Acremant, *La Hutte d'acajou*

Semaine 6

La dictée du jour
Les soirées de Combourg

Je m'asseyais auprès du feu avec Lucile ; les domestiques enlevaient le couvert et se retiraient. Mon père commençait alors une promenade qui ne cessait qu'à l'heure de son coucher. Il était vêtu d'une robe de ratine blanche, ou plutôt d'une espèce de manteau que je n'ai vu qu'à lui. Sa tête, demi-chauve, était couverte d'un grand bonnet blanc qui tenait tout droit. Lorsqu'en se promenant il s'éloignait du foyer, la vaste salle était si peu éclairée par une seule bougie qu'on ne le voyait plus ; on l'entendait seulement encore marcher dans les ténèbres ; puis il revenait lentement vers la lumière et émergeait peu à peu de l'obscurité, comme un spectre, avec sa robe blanche, son bonnet blanc, sa figure longue et pâle.

Chateaubriand, *Mémoires d'outre-tombe*

asseyais Je m'a~~y~~eyais auprès du feu avec Lucile

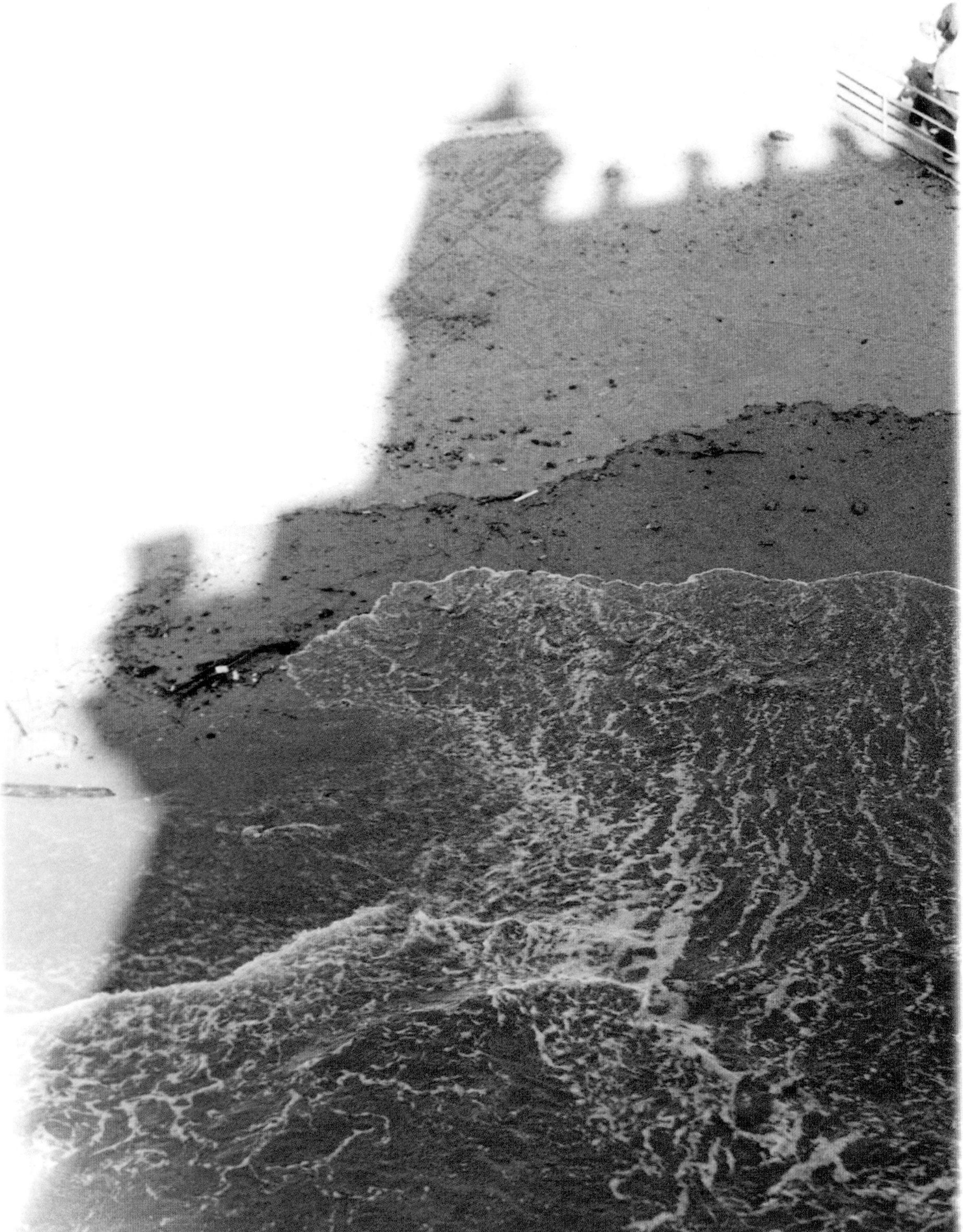

Orthographe

Les noms féminins terminés par le son [i] s'écrivent -ie.
Exemples : l'ortie, la prophétie, la zizanie, la bougie.
Exceptions : la souris, la brebis, la perdrix, la fourmi, la nuit.

Une bougie

Une fourmi

Une perdrix

A vos répertoires !

L'antipathie, la liturgie, le colis, le radis, le génie, le sosie, la parodie, l'autopsie, la dynastie.

C'est la récré !

Rondin picotin
La Marie a fait son pain
Pas plus gros que son levain
Son levain était moisi
Et son pain tout aplati
Tant pis !

Comptines de langue française

La dictée des moyens
Une soirée en famille

… Mon père tirait les verrous et tournait la clé laissée dans la serrure. Nous allions à la cuisine ; nous nous mettions quatre à table, mes parents, ma sœur et moi. Ma sœur, de trois ans plus jeune que moi, était une mignonne petite fille, très douce, très fine, et qui ressemblait à mon père. On parlait de choses de la journée ; je bavardais beaucoup. Le souper fini, ma mère, qui était debout depuis cinq heures du matin, en toute saison, très lasse et bâillant, nous laissait jouer, ma sœur et moi, à qui se déshabillerait le plus vite.

Ernest Lavisse, *Souvenirs*

La dictée des grands
Mon grand-père

Mon grand-père était un grand vieillard, légèrement voûté, mais solide et nerveux. Ses cheveux blonds, qui ne se sont jamais décidés à blanchir, tombaient en boucles sur le cou et encadraient un visage très fier, aux yeux bleus, aux dents puissantes, au menton carré. Son col, rabattu et ouvert en toute saison, sans cravate, montrait les veines, les muscles et les tendons d'un cou noueux ; on devinait, à cet échantillon, un corps parfaitement sec et sain, allégé de tout embonpoint par le perpétuel mouvement du travail.

Edmond About, *Le Roman d'un brave homme*

La dictée du certif
Le vagabond

Il était vêtu d'une vareuse de pêcheur, aux manches trop courtes, d'un pantalon de toile descendant à mi-jambes. Un mouchoir pendait de sa poche. Il avait de longues moustaches d'un blond décoloré, des joues creusées, des yeux qui regardaient droit devant eux avec une grande simplicité, une face sculptée par le vent. Sa tête, aux cheveux grisonnants et rejetés en arrière, était découverte.
Il s'arrêta devant la cheminée, où le feu de chêne brûlait en dégageant une odeur de clairière d'automne. Ses fortes épaules frissonnèrent sous la toile de sa vareuse. Il parut se rappeler qu'il avait froid.

Marie Le Franc, *Grand-Louis l'Innocent*

Orthographe
Les mots velours et toujours ainsi que : le cours, le discours, le concours, le parcours, le recours, le secours, prennent toujours un s.

La morale du jour
Il ne faut qu'une brebis galeuse pour gâter tout le troupeau.

Semaine 7

La dictée du jour
Bruits du jardin, en automne

J'écris ces lignes tandis que l'automne détruit le feuillage et les fleurs dans le jardin de mon enfance. Au bord d'un lac azuré que le tiède septembre engourdit, un vent tumultueux entraîne, parmi les parfums du jardin, le bruit et l'odeur d'un train qui passe.
Dans une étroite vasque de pierre, le jet d'eau pleure et se désole comme une naïade au col recourbé dont on a détourné les eaux courantes. Une grande déroute inquiète le jardin… Les sombres grives circulent d'un vol lourd et font entendre des cris anxieux. Le vent souffle. Il semble que ce soit, dans le cristal bleu de l'air, le grand coup d'aile de l'été qui s'éloigne… Hélas ! Le voilà qui nous abandonne ! Le silence s'étend où fut la vie !
Le vent parcourt un épais sapin, robuste et voile ; ses entrées, ses sorties font un ouragan mélodieux et grave qui détache de l'arbre des fruits allongés, semblables à d'écailleuses bananes.

Anna de Noailles

La morale du jour

La parole est d'argent et le silence est d'or.

Orthographe

Ces ou ses ?

J'écris ses quand je peux remplacer par les siens, les siennes.
J'écris ces quand je peux remplacer par ceux-ci, celles-ci.

Exemples :

Pierre est en ville avec ses amis. Il dit : « Regardez ces jolies chaussures dans la vitrine. »
Le peintre et ses apprentis ont tapissé ces chambres.
Le peintre et son apprenti ont tapissé cette chambre.

C'est la récré !

Du raisin

On dit que les grives aiment le raisin,
moi qui ne suis pas grive, j'en mangerais bien.

Chanson

La dictée des moyens

Thème : Mots avec le son [ou]

Rémi a un sou dans sa tirelire. La couche du malade. La couture de la robe. Un joli poupon. La doublure de la jupe. Un bijou doré. La foule a couru sur la route de Genève. Un mouton docile. Une bouture. Un clou solide. Un moulin à farine. Une coutume ridicule. Un pou et une puce. Louise a un souci. La soupape de la locomotive. La foudre a tué un ami de mon père. On a loué le courage de ton ami. Mon oncle a pêché un goujon. Voici un souvenir de mon cousin. Evite la routine. Félicité a un moule à boutons. Une poutre. Une roulade.

Mon oncle a pêché un goujon.

La dictée des grands

Le réveil du village

Le village commençait à s'animer comme à l'habitude. C'était un matin clair et froid ; la gelée blanche rendait l'air piquant ; aussi les gens s'agitaient plus vivement et plus bruyamment ; ils se rendaient aux champs par groupes. Les uns allaient à l'arrachage, houes et paniers en main, mâchant encore le reste de leur déjeuner ; d'autres conduisaient leur charrue ; quelques-uns avaient hissé la herse sur leur chariot, à côté de sacs pleins de grain à semer ; il y en avait aussi qui se dirigeaient du côté de la forêt, le râteau sur l'épaule ; tout cela faisait une grande rumeur des deux côtés de l'étang.

Ladislas Reymont, *Les Paysans, L'Automne*

La copie des petits

Après l'ondée

L'herbe sent fort, la terre boit
Lentement la dernière ondée ;
Dans l'eau du lac tremble, ridée,
L'image inverse du vieux toit.

Fernand Gregh

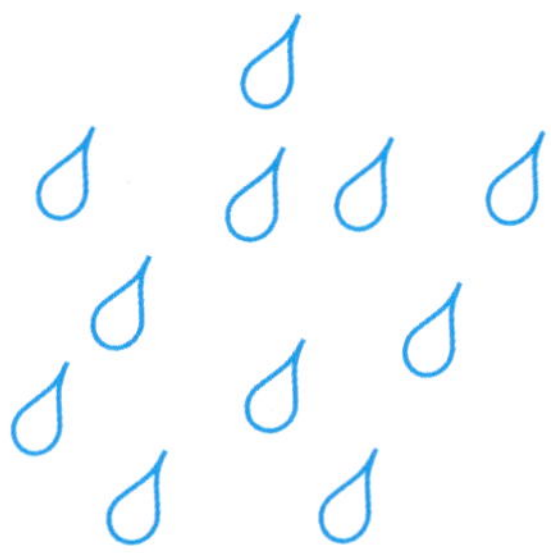

L'ondée

Semaine 8

La dictée du jour
L'ouverture de la chasse

Dans les champs, c'était une terrible fusillade. A chaque coup, je fermais les yeux, tout étourdi ; puis quand je me décidais à les ouvrir, je voyais la plaine grande et nue, les chiens courant, furetant dans l'herbe, tournant sur eux-mêmes comme des fous. Derrière eux, les chasseurs juraient, appelaient, les fusils brillaient au soleil. Un moment après, quoiqu'il n'y eût aucun arbre alentour, je crus voir voler des feuilles éparpillées. C'étaient des plumes et, en effet, à cent pas devant nous, un superbe perdreau gris tombait dans le sillon en renversant sa tête sanglante.

Alphonse Daudet, *Contes du lundi*

voyais ~~je voiyais la plaine~~ je voyais la plaine
nue ~~grande et nu~~ grande et nu

La morale du jour

Qui part à la chasse perd sa place.

Orthographe

-é ou -er ?

Quand j'hésite sur la terminaison d'un verbe, je le remplace par un verbe du troisième groupe.

Exemple : Alexandre va acheter du pain (je mets -er car je peux remplacer acheter par mordre ou prendre. Je ne peux pas dire : Alexandre va pris ou mordu du pain).

Un verbe qui a un infinitif en -er peut être remplacé par un verbe qui a un infinitif en -ir, en -oir ou en -re. S'il ne peut pas être remplacé, alors il s'agit d'un participe passé en -é.

Exemples :

L'enfant troublé regardait l'ombre s'avancer.

L'enfant éperdu regardait l'ombre grandir, croître.

La dictée des moyens

Thème : Mots avec le son [or]

Victorine a déchiré son corsage. La bordure de ce jupon est toute noire. La morsure de la vipère a tué mon cousin. La corde du navire. La gorge de Léa. Aline va à une école normale. Notre forgeron a été malade. Le cordon de ta pèlerine. A côté de notre cabane, il y a un orme. Le cor de Rémi. Une force divine anime un martyr de la foi. Victor a été malade. Mon cousin Isidore sortira ce matin. Une limace et une licorne. Désormais il passera ses vacances dans le Vercors. Ferme la porte de ta maison.

A vos répertoires !

Des bateaux, des râteaux, des vélos, des joyaux, des radeaux.

C'est la récré !

Scions, scions du bois
Pour la mère Nicolas
Qui a cassé ses sabots
En mille morceaux
Voilà les morceaux !

Chanson

La dictée des grands
Les vendanges

Toute une file se suivait, et l'on causait, de voiture à voiture, au milieu de cris et de rires. Les voitures s'arrêtaient au bas de la côte, le long du chemin qui suivait l'Aigre. Et, dans chaque petit vignoble, entre les rangées d'échalas, les femmes étaient à l'œuvre, marchant pliées en deux, coupant à la serpe les grappes dont s'emplissaient leurs paniers. Quant aux hommes, ils avaient assez à faire de vider les paniers dans les hottes et de descendre vider les hottes dans les tonneaux. Dès que tous les tonneaux d'une voiture étaient pleins, ils partaient se décharger dans la cuve, puis revenaient à la charge.

Emile Zola, *La Terre*

Orthographe

Les noms en -au, -eau, -eu prennent un x au pluriel.

Exemples :

- un seau, des seaux
- un feu, des feux
- un tuyau, des tuyaux

A l'exception de quatre noms qui prennent un s : les bleus, les pneus, les landaus, les sarraus.

La copie des petits

La petite souris

La petite souris blanchette
Glisse d'un pas bref et menu
Autour du bébé presque nu
Qui gigote dans sa couchette.

Crac ! La voilà sur la planchette,
A deux doigts du frêle ingénu !
Mais le chat noir est survenu.
Elle rentre dans sa cachette,
La petite souris blanchette.

Maurice Rollinat, Les Névroses

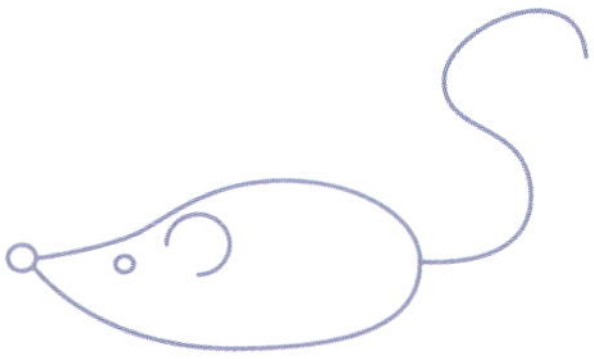

La souris

La dictée du certif

L'orage qui menace

Un soir, en Algérie, à la fin d'une journée de chasse, un violent orage me surprit dans la plaine du Chélif, à quelques lieues d'Orléansville. Pas l'ombre d'un village ni d'un caravansérail en vue. Rien que des palmiers nains, des fourrés de lentisques et de grandes terres labourées jusqu'au bout de l'horizon. En outre, le Chélif, grossi par l'averse, commençait à ronfler d'une façon alarmante, et je courais le risque de passer ma nuit en plein marécage. Heureusement qu'il y avait tout près, cachée dans un pli de terrain, une tribu.

Alphonse Daudet, *Contes du lundi*

Douceurs et rigueurs de l'hiver

Semaine 1

La dictée du jour
Le rouge-gorge

Au milieu d'un hiver rigoureux, un rouge-gorge se présenta à la fenêtre d'un laboureur, comme pour demander l'hospitalité.
Le laboureur, touché de la confiance du petit oiseau, ouvrit la fenêtre et le reçut avec bonté. Le rouge-gorge passa tout l'hiver dans la maison, et les enfants l'aimaient beaucoup.
Mais au printemps, lorsque les haies se couvrirent de feuilles, le laboureur ouvrit la fenêtre, et le petit oiseau s'envola dans les bois voisins, où il bâtit son nid et chanta sa joyeuse chanson.
L'hiver revint, et le rouge-gorge revint aussi ; mais cette fois il amena sa compagne avec lui. Les deux petits oiseaux entrèrent avec confiance, et ils regardaient autour d'eux sans s'effaroucher.
Le laboureur et ses enfants se réjouirent beaucoup de les voir, et les enfants disaient : « Ces oiseaux nous regardent sans aucune frayeur, et paraissent même heureux de se trouver avec nous. – S'ils pouvaient parler, répondit le père, ils vous diraient : la confiance fait naître la confiance, et l'amitié engendre l'amitié. »

D'après Krummacher

oiseau le petit oisau s'envola
dans les bois voisins

Orthographe

Il faut placer une cédille sous le c pour conserver le son [s] devant a, o, u.

Exemples : il reçut, un Français, un glaçon.

A vos répertoires !

La leçon, la façon, la balançoire, un reçu, un tronçon, un aperçu, un commerçant, un glacier, un récif, un pinceau, une récitation.

Une ruche

La morale du jour

Ce qui n'est pas utile à la ruche n'est pas utile à l'abeille.

La dictée des moyens
Thème : Emploi de la cédille

Notre maîtresse nous a donné une leçon très facile. Ce brave maçon gagne à peine la nourriture de sa famille. Je ne porte pas de caleçon. Notre pêcheur a raccommodé sa ligne et son hameçon. Ce petit garçon a un très bon cœur. Voici le poinçon de ma petite cousine. Luçon est une ville du Midi et Alençon une ville de l'Ouest. Une rinçure de bouteille. La façon de ma robe a coûté cher. Un énorme glaçon. Il y a un limaçon sur la chaussure de mon père. Françoise a été au marché. Mon cousin a eu le prix de français. Le maçon travaille à la façade de notre maison. On a donné une forte somme pour la rançon du général.

La copie des petits

Qu'il est doux, qu'il est doux d'écouter des histoires,
Des histoires du temps passé,
Quand les branches d'arbres sont noires,
Quand la neige est épaisse et charge un sol glacé !

Alfred de Vigny, *La Neige*.

Un arbre

La dictée des grands

Rencontre d'un ours au Canada

Un jour, dans le chemin à peine praticable aux voitures, et dont j'avais moi-même tracé à la hache la plus grande partie, nous rencontrâmes, ma mère et moi, un bel ours noir qui mangeait des framboises… A dix pas à peine… Cinq minutes de contemplation muette, admirative de notre part, méprisante, je crois, de la sienne… Un bel ours noir, qui s'assit sur ses pattes de derrière. Il était haut comme un homme et il avait le nez rouge, mais pas du tout comme un ivrogne. Je crois qu'il devait être très bon… Il nous accorda cinq minutes ; après quoi, il s'en alla. J'espère que personne ne l'aura tué.

Maurice Constantin-Weyer, *Manitoba*,

Orthographe

Les noms terminés par le son [ment] et qui proviennent d'un verbe s'écrivent -ement.

Exemples :
japper, le jappement
glousser, le gloussement
aboyer, l'aboiement
piauler, le piaulement
miauler, le miaulement

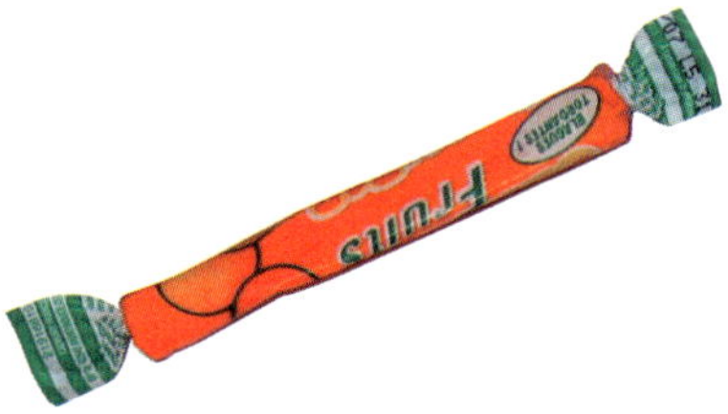

C'est la récré !

Chiberli Chiberla
On dit qu'il est malade
Chiberli Chiberla
On dit qu'il en mourra

Comptine

La dictée du certif
Les divines émanations du lard

J'ai beaucoup songé au bonheur et je pense avoir fait là-dessus des découvertes notables.
Evidemment, il consiste, lorsqu'il fait chaud, à sommeiller près de la mare. Une odeur délicieuse sort du fumier qui fermente, les brins de paille lustrés luisent au soleil. Les dindons tournent de l'œil et laissent tomber sur leur bec leur panache de chair rouge. Les poulets creusent la paille et enfoncent leur large ventre pour aspirer la chaleur qui monte. La mare scintille, fourmillante d'insectes qui grouillent et font lever des bulles à la surface. Les yeux demi-fermés, on rêve…
L'hiver, la félicité est d'être assis au coin du feu à la cuisine. Les petites langues de la flamme lèchent la bûche, les sarments craquent et se tordent et la fumée enroulée monte dans le conduit noir jusqu'au ciel. Cependant la broche tourne, d'un tic-tac harmonieux et caressant. La volaille embrochée roussit, brunit, devient splendide ; la graisse qui l'humecte adoucit ses teintes ; une odeur réjouissante vient picoter l'odorat, on respire les divines émanations du lard et on passe involontairement sa langue sur ses lèvres.
Les yeux au ciel, on attend que la cuisinière décroche la bête et vous en offre ce qui vous revient.

Hippolyte Taine, *Voyage aux Pyrénées*

Semaine 2

La dictée du jour
La glissade

En revenant de mes commissions, j'avais aperçu tout au loin, dans la grande prairie communale, derrière l'église, mes camarades qui glissaient. On les voyait prendre leur élan à la file, et partir comme des flèches, les reins pliés et les bras en l'air pour tenir l'équilibre ; on entendait le bruit prolongé de leurs sabots sur la glace et leurs cris de joie.
Comme mon cœur galopait en les voyant ! Comme j'aurais voulu pouvoir les rejoindre ! Malheureusement mon oncle Jacob m'attendait alors, et je rentrai la tête pleine de ce joyeux spectacle.

Erckmann-Chatrian, *Madame Thérèse*

Orthographe

Je m'aperçois pour la première fois que le verbe apercevoir ne prend qu'un p.

Entre deux voyelles, on peut hésiter entre s et z. Il faut donc mémoriser l'orthographe de certains mots.
En début de mot, le son [z] s'écrit toujours z.
Exemples : le zénith, le zébu, le zeste, la zizanie, le zodiaque.

À vos répertoires !

Le hasard et le bazar ; le magasin et le magazine ;
la rizière et la lisière.

La morale du jour

Les petits ruisseaux font les grandes rivières.

La copie des petits

Le brouillard est froid, la bruyère est grise ;
Les troupeaux de bœufs vont aux abreuvoirs ;
La lune, sortant des nuages noirs,
Semble une clarté qui vient par surprise…

Victor Hugo, *Choses du soir*

La lune

Orthographe

Les noms féminins terminés par le son [u] s'écrivent -ue.
Exemples : la laitue, la cohue, la ciguë.
Exceptions : la bru, la glu, la tribu, la vertu.

La dictée des grands
Sous la lampe

Par économie, on n'allumait pour la maison entière qu'un seul feu et qu'une lampe autour de laquelle toutes les occupations, toutes les distractions se groupaient, bonne grosse lampe de famille dont le vieil abat-jour avait été l'étonnement et la joie de toutes ces fillettes dans leur petite enfance… Sortant de l'ombre de la pièce, quatre jeunes têtes se penchaient, blondes ou brunes, souriantes ou appliquées, sous ce rayon intime et réchauffant qui les éclairait à la hauteur des yeux, et semblait les garder du froid noir venant du dehors.

Alphonse Daudet, *Le Nabab*

À vos répertoires !

Le salut, le flux, la sangsue, le talus, une bévue, une grue, l'issue, le jus, le bahut, le tissu.

La dictée des moyens
Thème : Pluriel des noms en -al

L'or est un métal précieux. L'argent et le fer sont des métaux. Un arbre est un végétal. Les fleurs sont des végétaux. Le procès-verbal du gendarme. Les procès-verbaux des gendarmes. Le total de la vente. Les totaux des additions. Le piédestal de la statue ; les piédestaux des statues. Le caporal du régiment de mon frère ; les caporaux des régiments de nos cousins. Le fanal de la côte. Les fanaux allumés à l'entrée des ports. Un bocal d'anchois. Des bocaux de cornichons. Le tribunal de l'arrondissement. Les tribunaux du département. Mon capital est placé chez le banquier. Nos capitaux sont placés chez les banquiers. Un général. Les ordres des généraux. Le cheval est l'ami de l'Arabe ; les chevaux sont les amis des Arabes.

La dictée du certif
Quand Lamartine patine

Nous avions trouvé le moyen d'avoir des patins, et, à force de chutes, nous avions appris à nous en servir. C'est là que je pris une véritable passion pour cet exercice du Nord, où je devins très habile plus tard. Se sentir emporté avec la rapidité de la flèche et avec les gracieuses ondulations de l'oiseau dans l'air, sur une surface plane, brillante, sonore et perfide ; s'imprimer à soi-même, par un simple balancement du corps, et pour ainsi dire par le seul gouvernail de la volonté, toutes les courbes, toutes les inflexions de la barque sur la mer ou de l'aigle planant dans le bleu du ciel, c'était pour moi et ce serait encore, si je ne respectais pas mes années, une telle ivresse des sens et un si voluptueux étourdissement de la pensée que je ne puis y songer sans émotion.

Alphonse de Lamartine, *Les Confidences*

Semaine 3

La dictée du jour
Les plaisirs de l'hiver

Un feu clair flambait dans la cheminée de mon cabinet de travail. Des cristaux de glace, en forme de feuilles de fougère, fleurissaient les vitres des fenêtres et me cachaient la Seine, ses ponts et le Louvre des Valois.
J'approchai du foyer mon fauteuil et ma tâche volante, et je pris au feu la place qu'Hamilcar daignait me laisser. Hamilcar, à la tête des chenets, sur un coussin de plume, était couché en rond, le nez entre ses pattes. Un souffle égal soulevait sa fourrure épaisse et légère. A mon approche, il coula doucement ses prunelles d'agate entre ses paupières mi-closes qu'il referma presque aussitôt, en songeant : « Ce n'est rien, c'est mon ami. »
« Hamilcar ! lui dis-je allongeant les jambes, Hamilcar, prince somnolent de la cité des livres, gardien nocturne, tu défends contre de vils rongeurs les manuscrits et les imprimés que le vieux savant acquit au prix d'un modeste pécule et d'un zèle infatigable !... Dors en attendant l'heure où les souris danseront au clair de la lune... »

Anatole France, *Le Crime de Sylvestre Bonnard*

J'approchai du
foyer ~~foiller~~ mon fauteuil

Orthographe

Les noms masculins en -al font leur pluriel en -aux.

Exemples :

un cheval, des chevaux

un mal, des maux

Plusieurs noms font exceptions : bal, carnaval, chacal, festival, récital, régal.

Remarque : le nom idéal accepte les deux : des idéals ou des idéaux.

A vos répertoires !

Des arsenaux, des fardeaux, des préaux, des manteaux, des journaux, des hôpitaux.

La morale du jour

Tout le malheur des hommes vient de ce qu'ils ne peuvent rester enfermés dans une chambre.

Blaise Pascal, Pensées

La dictée des grands
Matins d'hiver

Vous vous réveillez alors qu'il fait encore nuit, et vous pestez contre vous-même parce que vous avez été trop paresseux pour vous relever et pour entretenir le feu.
Vous sautez à bas de votre lit, vous jetez une fourrure sur vos épaules, et en route vers le poêle. La veille au soir, vous aviez prévu votre négligence, et vous aviez taillé des copeaux dans du bois sec, à grands coups de votre couteau de poche. Vous les retrouvez là en tas. Deux minutes à peine, et déjà le feu ronfle joyeusement.

Maurice Constantin-Weyer, *Clairière*

BON POINT

La dictée des moyens

Thème : Pluriel des noms en -au et en -eau

Le noyau de la pêche. Les noyaux des pêches. Le général de notre armée. Les généraux de nos armées. Le cheval est l'ami de l'homme. Les chevaux sont les amis des hommes. L'écrin de la mariée renferme un beau joyau. Dans les écrins des mariées, il y a des joyaux. L'étau du serrurier. Les étaux des serruriers. La boutique du maréchal de notre village. Les boutiques des maréchaux de notre village. Un houx est un arbrisseau. Les houx sont des arbrisseaux. Le cerceau de mon frère. Les cerceaux de mes frères. Le poireau est un légume. Les poireaux sont des légumes. Le cadeau de ma tante. Les cadeaux de mes tantes. Le berceau de ma poupée. Les berceaux de mes poupées. Un moineau est sur notre fenêtre. Des moineaux sont sur nos fenêtres.

La copie des petits

La faim fait rêver les grands loups moroses ;
La rivière court, le nuage fuit.
Derrière la vitre où la lampe luit,
Les enfants ont des têtes roses.

Victor Hugo

Le loup

Semaine 4

La dictée du jour
Pensées d'un petit chien

La cuisine est le lieu le plus agréable de la maison, mais on n'y peut séjourner à cause de la cuisinière. C'est là que se trouvent la table, les chaises, les assiettes qui ne contiennent plus rien lorsqu'on vous les confie, la lampe qui chasse les ténèbres et l'âtre qui met en fuite les jours froids.
Les pots de porcelaine s'amusent à se pousser du coude et à se bousculer au bord des tablettes garnies de dentelles de papier. Les casseroles de cuivre jouent à éparpiller des taches de lumière sur les murs blancs et lisses.
Le fourneau chantonne doucement en berçant trois marmites qui dansent avec béatitude ; par le petit trou qui éclaire son ventre, pour narguer le pauvre chien qui ne peut approcher, il lui tire constamment une langue de feu.
L'horloge qui s'ennuie dans son armoire de chêne fait aller et venir son gros nombril doré et les mouches sournoises agacent les oreilles.
Sur la table éclatante reposent un poulet, un lièvre, trois perdreaux à côté d'autres choses qui ne valent rien et qu'on appelle fruits et légumes : petits pois, haricots, pêches, melon, raisin.
La cuisinière vide un grand poisson d'argent et jette les entrailles dans la boîte aux ordures ! trésor inépuisable, joyau de la maison !…

Maurice Maeterlinck, *Le Double Jardin*

Orthographe

L'accent circonflexe se place sur la lettre e (e ouvert) ainsi que sur a, i, o, u.
Exemples : bâtir, le gîte, le cône, la flûte.

Il remplace souvent une lettre disparue comme dans forêt (de l'ancien français forest) ou dans hôpital (de l'ancien français hospital). Nous retrouvons ce s, qui n'a pas été converti en accent circonflexe, dans des mots de la même famille : forestier, hospitalier.

Attention ! le chapeau de la cime est tombé dans l'abîme !

A vos répertoires !

L'âme, l'appât, le hêtre, la tôle, la brûlure, la boîte, la chaîne, l'abîme, le bâtiment, le blâme, le château, l'intérêt, une crêpe, un gîte.

La dictée des grands
Une flambée

Dans le coffre à bois entrouvert, Antoinette avait pris un fagot de menues branches. A genoux, elle ravivait les braises, rapprochait les tisons. La flamme jaillit, claire et torse.
Une à une, la jeune femme y jetait des pommes de pin. Il y en avait de grosses, aux écailles écartées et sèches, d'autres petites aux écailles serrées et vernies : toutes, résineuses et chantantes, pétillaient avec un bruit joyeux. Antoinette s'était relevée, les mains poissées, les joues rouges, riant aux étincelles des bûches et aux pétarades des pommes de pin.

Henri de Régnier, *Le Passé vivant*

La morale du jour

Qui m'aime aime mon chien.

Saint Bernard

Le chien

La dictée des moyens

Thème : Mots où se trouvent [io] et [ien]

Ma petite cousine est myope. A la campagne on danse au son du violon. La petite Cécile est idiote. Le chiot dort dans son panier. Mange cette bonne brioche chaude. On a donné à mon frère une petite pioche. Un piocheur est celui qui pioche. Marie a très bien récité toute sa leçon sans en oublier un iota. La vertu est le bien le plus désirable. Le lien de la botte de paille est brisé. Ta petite fille pleure souvent pour rien. Alice a déchiré son livre, Marguerite a perdu le sien ; le mien a été relié. Léon sera le soutien de sa famille.

La copie des petits

On ne peut empêcher le chien d'aboyer ni le menteur de mentir.

Qui veut noyer son chien l'accuse de la rage.

Qui veut frapper son chien trouve facilement un bâton.

Semaine 5

La dictée du jour

Oh ! Les journées de neige…

Oh ! Ces journées de neige, quelle transformation subite elles opéraient en nous, autour de nous !… Et quel frémissement courait sur les bancs de la classe dès les premiers flocons ! La lumière se retirait. Tout devenait terne : le plâtre des façades prenait une couleur grise, fanée, les arbres paraissaient plus noirs. Par un inexplicable phénomène, la craie elle-même perdait, entre nos doigts, son éclat, son rayonnement. Nous avions l'impression de toucher à une minute solennelle. Dehors, quand nous levions la tête, c'était presque une ivresse de recevoir sur la figure, sans savoir où elles se poseraient, ces mille petites abeilles blanches dont le froid nous piquait le visage, avec une si furtive, une si délicate précision qu'elles semblaient avoir choisi, tout en tourbillonnant, la place où elles nous atteindraient. Le ciel n'était plus gris ; il était roux, opaque. Et, peu à peu, les grilles du collège, les branches, les bancs, les toits devenaient d'autres grilles, d'autres branches, d'autres bancs, d'autres toits. Selon la direction du vent, la neige se plaquait contre une palissade ou contre un vieux mur et, derrière, nous apercevions un espace vide, encore intact. Mais le vent cessait. Alors elle tombait plus vite et recouvrait tout uniformément de sa blancheur duveteuse comme si elle avait profité de ce moment d'inattention pour s'installer, en dominatrice, pour s'infiltrer jusqu'entre les fentes des persiennes, sous les tuiles, sous les bâches des voitures, sous des hangars et même dans des recoins de greniers en passant par un carreau cassé.

Francis Carco, *A voix basse*

La morale du jour

Noël au balcon, Pâques aux tisons.

Orthographe

Les adjectifs qualificatifs terminés par -el ou -eil au masculin s'écrivent -elle ou -eille au féminin.
Exemples : un monde réel, une vision réelle ; un fruit vermeil, une cerise vermeille.

A vos répertoires !

Pâle, mâle, sale, ovale, fidèle, parallèle, frêle, grêle prennent un e au masculin.

La dictée des grands

Un hiver sec, terrible et noir

L'hiver était venu, un hiver sec, terrible et noir, comme il en fait dans ces pays de montagnes. Avec leurs grands arbres sans feuilles et leur sol gelé plus dur que la pierre, les cours du collège étaient tristes à voir. On se levait avant le jour, aux lumières ; il faisait froid ; de la glace dans les lavabos… Les élèves n'en finissaient plus ; la cloche était obligée de les appeler plusieurs fois. « Plus vite, messieurs ! » criaient les maîtres en marchant de long en large pour se réchauffer… On formait des rangs en silence, tant bien que mal, et on descendait à travers le grand escalier à peine éclairé et les longs corridors où soufflaient les bises mortelles de l'hiver.

Un mauvais hiver pour le Petit Chose !

Je ne travaillais plus. A l'étude, la chaleur malsaine du poêle me faisait dormir. Pendant les classes, trouvant ma mansarde trop froide, je courais m'enfermer au café Barbette et n'en sortais qu'au dernier moment.

Alphonse Daudet, *Le Petit Chose*

quelque chose qui ne peut pas tenir debout.
Quelque chose qui peut couler.
Quelque chose qu'on ne peut pas prendre dans ses mains.
Quelque chose qu'on bat.
Qu'est-ce

La dictée des moyens

Thème : Féminin de certains adjectifs

Une personne indiscrète est un véritable fléau. Le fou est dans son cabanon. Le désespoir de la pauvre folle est grand. Un caractère mou et indolent est fâcheux. Cette poire molle est presque gâtée. Le frère jumeau de ma compagne. La sœur jumelle de votre camarade est grande. Il fait beau temps. La belle parure de votre tante coûte cher. Un mol édredon est bon pendant l'hiver. Le nouvel élève de la classe paraît gentil. Le fol espoir de votre petite cousine a été déçu. L'âne est la monture habituelle du paysan. Les économies de la paysanne sont considérables. Le favori du sultan est riche. La favorite de la sultane est détestée. Le guerrier castillan. La toilette de la Castillane. Un anglican, une anglicane sont des personnes qui suivent une religion en usage en Angleterre. Un ordre exprès. Une défense exprès. Un banc public sur une place publique. Un sot charlatan. Une sotte frayeur.

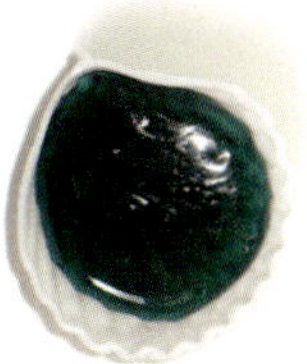

La copie des petits

Matin de décembre
On s'éveille
Du coton dans les oreilles;
C'est la neige,
L'hiver blanc
Sur ses semelles de liège
Qui nous a surpris, dormant.

Guy-Charles Cros

Des flocons de neige

Semaine 6

La dictée du jour
Dîner de paysans canadiens

La soupe aux pois fumait dans les assiettes. Les cinq hommes s'attablèrent lentement, comme un peu étourdis par leur dur travail… Les deux femmes servaient, remplissant les assiettes vides, emportant le grand plat de lard et de pommes de terre bouillies, versant le thé chaud dans les tasses. Quand la viande eut disparu, les dîneurs remplirent leurs soucoupes de sirop de sucre dans lequel ils trempèrent de gros morceaux de pain tendre. Puis bientôt rassasiés parce qu'ils avaient mangé vite et sans un mot, ils repoussèrent leurs assiettes et se renversèrent sur les chaises avec des soupirs de contentement.

Louis Hémon, *Maria Chapdelaine*

Orthographe

Placé près du verbe, leur est un pronom personnel, c'est le pluriel de lui. Il ne prend jamais de s et s'écrit toujours leur.
Exemple : Si les enfants téléphonent, il faudra leur répondre (leur = à eux).
Attention : il ne faut pas confondre leur pronom personnel avec leur déterminant possessif qui prend un s quand il accompagne un nom au pluriel.
Exemple : Ils repoussèrent leurs assiettes.

La morale du jour

Il faut manger pour vivre et non pas vivre pour manger.

La dictée des moyens

Une joyeuse flambée

... L'heure du dîner approchant, une bonne vint, qui jeta dans la cheminée, pour ranimer les bûches endormies, une brassée de menu bois. Alors ce fut un beau feu clair, subitement une belle flambée joyeuse illuminant tout, et un grand rond lumineux se dessina au milieu de l'appartement, par terre, sur le tapis, sur les pieds des chaises, dans ces régions basses qui étaient précisément les miennes. Et ces flammes dansaient, changeaient, s'enlaçaient, toujours plus hautes et plus gaies, faisant monter et courir le long des murailles les ombres allongées des choses...

Pierre Loti, *Le Roman d'un enfant*

La dictée des grands

Une cuisine en Alsace

Si vous gravissez l'escalier, vous découvrez, au fond de la petite allée, la cuisine avec ses plats fleuronnés, ses soupières rebondies. Si vous ouvrez la porte à droite, vous entrez dans la grande salle aux vieux meubles de chêne, au plafond rayé de poutres brunes, à l'antique horloge de Nuremberg qui bat la cadence. Une femme de trente-cinq ans, la taille serrée dans un long corset de taffetas noir, la tête surmontée de la toque de velours aux grands rubans tremblotants, file et rêve. Un homme, en habit de peluche et culotte de drap marron, le front large, osseux, le regard calme et réfléchi, fait sauter sur ses genoux un gros garçon joufflu, en sifflant le boute-selle.

Erckmann-Chatrian, *Contes des bords du Rhin*

La copie des petits

Mes cousins Paul et Pierre sont arrivés
avec leur mère et leurs amis de Normandie.

Mes cousins nous ont écrit une longue lettre et
nous leur répondrons demain.

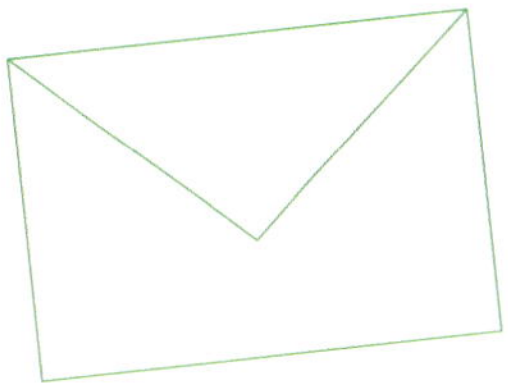

Une enveloppe

Semaine 7

La dictée du jour
L'arbre de Noël

L'arbre, planté au milieu d'une large table ronde, était magnifiquement illuminé par une multitude de petites bougies, et tout garni d'objets brillants. Il y avait des poupées aux joues roses, de vraies montres avec des aiguilles mobiles, des violons, des tambours, des livres, des fusils, des sabres et des drapeaux, des sabots, des toupies et beaucoup d'autres choses très belles. Tout cela étincelait aux lumières des mille petites bougies. Les yeux en étaient toujours réjouis.
Mais une jolie poupée blonde, vêtue d'un manteau écarlate, attirait surtout mes regards : c'était le petit Chaperon rouge.
Avec quel bonheur je te revois, ô Chaperon rouge ! C'est ainsi que pour la première fois je te vis apparaître, un soir de Noël, lorsque tu vins, ton panier au bras, me raconter la perfidie du loup qui, après avoir mangé la grand-mère, eut encore assez d'appétit pour te manger toi-même.
Il me semblait que si j'avais pu épouser le petit Chaperon rouge j'aurais été parfaitement heureux. Hélas ! Je ne l'épousai point puisque le loup l'avait mangée ; mais chaque fois qu'en jouant je faisais la procession de mes animaux, je plaçais le méchant loup à la queue de tous les autres pour le punir de sa cruauté. C'est ainsi que je témoignais mon amitié au petit Chaperon rouge.

D'après Charles Dickens

Orthographe

Il ne faut pas confondre quel, pronom ou déterminant, variable en genre et en nombre, avec qu'elle. Qu'elle a une apostrophe et on peut remplacer elle par il.

Exemples :
Quelle jolie fleur !
Quel gentil garçon !
Qu'elles sont jolies, ces fleurs !
Qu'ils sont gentils ces garçons !

Exemple : Dans quel village souhaites-tu qu'elle se marie ?
A Baugy ! Quelle excellente idée.

Une fleur

La copie des petits

Je veux qu'elle vienne à mon anniversaire et qu'elle m'apporte un bouquet de fleurs qu'elle aura cueillies dans son jardin.
Quel bonheur ce sera ! Quels délicieux moments nous allons passer !
Quel excellent souvenir nous aurons !

D.X. 27.

A vos répertoires !

Quelque part, quelquefois, quelque chose, jamais, toujours, parmi.

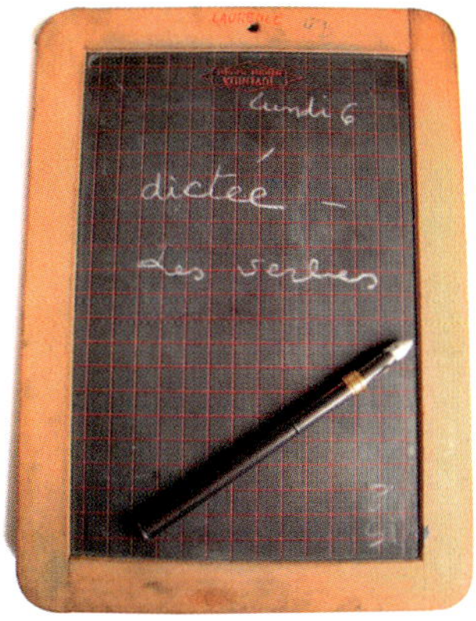

La morale du jour

Les lendemains de fête ont un goût de cendre.

La dictée des moyens

Thème : Les adjectifs au masculin

Le caractère de Martin est gai et aimable. J'ai acheté un joli trousseau pour mon bébé. Un enfant chéri de ses parents. Un âne très entêté. Un animal vorace. Un terrain humide. Un tendre baiser. Un plat sucré. Un chemin escarpé. Un bois touffu. Un cœur innocent. Un élève insoumis. Un manteau noir. Le temps pascal. Un édit national. Un esprit pervers. Un homme niais. Un défaut habituel. Le bourreau cruel. Le véritable criminel. Un remords éternel. Le reproche maternel. Le dévouement fraternel. Un bulletin annuel. Un charitable gardien. Un journal quotidien. Un défaut honteux. Un concert harmonieux. Un génie prodigieux. Un paysan superstitieux. Un étudiant jaloux. Un soldat belliqueux. Un cousin vif et méchant. Un regard expressif. Un ouvrier oisif. Un ton bref.

Semaine 8

La dictée du jour
Noëls de Provence

Dehors, le vent de la nuit soufflait en éparpillant la musique des cloches, et, à mesure, des lumières apparaissaient dans l'ombre aux flancs du mont Ventoux, en haut duquel s'élevaient les vieilles tours de Trinquelage. C'étaient des familles de métayers qui venaient entendre la messe de minuit au château. Ils grimpaient la côte en chantant par groupes de cinq ou six, le père en avant, la lanterne en main, les femmes enveloppées dans leurs grandes mantes brunes où les enfants se serraient et s'abritaient. Malgré l'heure et le froid, tout ce brave peuple marchait allégrement, soutenu par l'idée qu'au sortir de la messe il y aurait, comme tous les ans, table mise pour eux en bas dans les cuisines. De temps en temps, sur la rude montée, le carrosse d'un seigneur, précédé de porteurs de torches, faisait miroiter ses glaces au clair de lune, ou bien une mule trottait en agitant ses sonnailles, et, à la lueur des falots enveloppés de brume, les métayers reconnaissaient leur bailli et le saluaient au passage :

– Bonsoir, bonsoir, maître Arnoton !

– Bonsoir, bonsoir, mes enfants !

Alphonse Daudet, *Lettres de mon moulin*

Orthographe

Le verbe être précédé de ce (c') se met généralement au pluriel quand il est suivi d'un sujet à la troisième personne du pluriel ou d'une énumération.

Exemples :

C'est la nuit de Noël? Ce sont les nuits de Noël.

C'est le seigneur? Ce sont les seigneurs.

C'était une famille de métayers? C'étaient des familles de métayers.

La dictée des moyens

Thème : Noël

Demain nous irons dans les bois ramasser de la mousse pour la crêche. Les santons sont rangés dans leurs boîtes. Les guirlandes du sapin sont multicolores. En Provence, mes cousins ont conservé la tradition des treize desserts. On dit que le père Noël vit dans les Grand Nord. Maman dispose un bouquet de roses de Noël dans un grand vase blanc. Il ignorait le succès que connaîtraient ses friandises. Une belle étoile d'or brille au sommet du sapin. Ma petite sœur accroche des anges aux ailes blanches aux branches basses du sapin. Autrefois, les enfants plaçaient leurs sabots au pied de la cheminée. Quand il neige la nuit de Noël, tous les enfants sont heureux. La hotte du père Noël est bien garnie de jouets pour les enfants qui sont sages à la maison et appliqués à l'école. Les joujoux de la vitrine du magasin sont superbes. Les gourmands se régalent de friandises colorées. Le pain d'épice est l'une des spécialités de la Bourgogne. Voulez-vous des gâteaux ou des biscuits? Joyeux Noël à tous et heureuses fêtes de fin d'année pour vous et pour toutes celles et tous ceux qui vous sont chers.

Orthographe

Pour trouver la lettre finale d'un mot terminé par le son [a], il suffit souvent de le rapprocher d'un autre mot qui le contient.

Exemples :

le fracas, fracasser.

l'embarras, embarrasser.

On trouve généralement la lettre finale d'un mot en le mettant au féminin ou en formant avec ce mot un verbe ou un autre mot.

Exemples :

un bond, bondir

un dépit, dépiter

un sanglot, sangloter

franc, la franchise

A vos répertoires !

Un parfum, un rang, un récit, un tamis, un tapis, un retard, exact, patient, rond, lent, sournois.

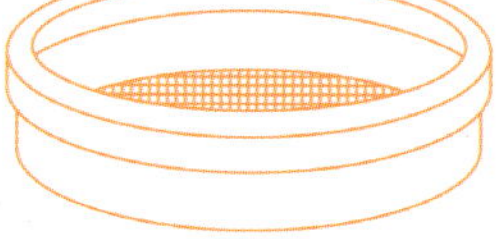

Un tamis

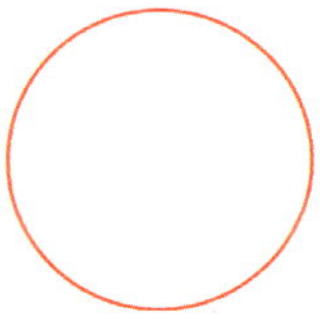

Un rond

Un carré

La dictée des grands
Noëls blancs de neige

La nuit était claire, les étoiles avivées de froid ; la bise piquait, et un fin grésil, glissant sur les vêtements sans les mouiller, gardait fidèlement la tradition des Noëls blancs de neige. Tout en haut de la côte, le château apparaissait comme le but, avec sa masse énorme de tours, de pignons, le clocher de sa chapelle montant dans le ciel bleu-noir, et une foule de petites lumières qui clignotaient, allaient, venaient, s'agitaient à toutes les fenêtres, et ressemblaient, sur le fond sombre du bâtiment, aux étincelles courant dans des cendres de papier brûlé… Passé le pont-levis et la poterne, il fallait, pour se rendre à la chapelle, traverser la première cour, pleine de carrosses, de valets, de chaises à porteurs, toute claire du feu des torches et de la flambée des cuisines. On entendait le tintement des tournebroches, le fracas des casseroles, le choc des cristaux et de l'argenterie remués dans les apprêts d'un repas ; par là-dessus, une vapeur tiède, qui sentait bon les chairs rôties et les herbes fortes des sauces compliquées.

Alphonse Daudet, *Lettres de mon moulin*

La morale du jour

On a tant crié, on a tant chanté Noël qu'à la fin il est venu.

La dictée des moyens

Thème : Genre de certains noms

Un ouvrage peu soigné. Un évangile long et difficile à apprendre. Un omnibus complet. Un incendie terrible. Un bel éventail en ivoire. Un ongle bien coupé. Un arrosoir dans le jardin. Un âge bien avancé. Cette jeune fille a un air très aimable. Du bon amadou et du bon amidon. Papa, quand il est en voyage, loge dans un hôtel. L'autel de la sainte Vierge est très beau. Mon petit frère a perdu un centime. Un éclair a aveuglé le père Simon. Un éloge est bien souvent un mensonge. Marguerite a un érysipèle à la tête. Notre escalier a été bien ciré par la portière. Un étage facile à monter. On a fait un escompte sur la somme que nous avions à payer. Un hiver bien froid cause de grandes souffrances aux pauvres. Un horoscope amusant a été tiré par la vieille sorcière.

La copie des petits

Bruit d'hiver

Sur un ton monotone,
La bise hurle et tonne
Dans le corridor noir.
C'est l'hiver, c'est décembre,
Il faut garder la chambre
Du matin jusqu'au soir !

Théophile Gautier, Poésies, Frissons

La dictée du certif
Les odeurs flottaient

Le salon est tout plein de choses que des amis ont envoyées pour le Nouvel An, surtout des bonbons et des fleurs.
Les odeurs flottaient, mêlées, légères, insaisissables, puissantes. Celle des fleurs, presque animale, voluptueuse, tragique pour les orchidées ; subtile, aérienne, pour les roses et les violettes ; sucrée, affadissante et puis parfois un peu amère pour les bonbons et les fruits confits dans leur verdeur ou leur âcreté…
Il y a des parfums très délicats, très précieux, qui m'attristent, ceux qu'on tire de certaines fleurs et qu'exhalent certaines toilettes quand il fait un peu froid, en automne. L'air mouillé les vieillit en un instant, les pervertit ; et je me rappelle alors, avec une intensité douloureuse, des anniversaires très anciens où l'on me conduisait dans un cimetière parmi les feuilles mortes et les bouquets agonisants. La senteur de ces bouquets m'inquiétait, elle me donnait l'idée de la mort ; et voici que des êtres vivants, heureux, et qui rient, soulèvent cette vision et s'en vont sans savoir pourquoi je suis devenu un peu grave, un peu absent ! Chose étrange, on ne peut résister à cette association d'une odeur et d'un souvenir. L'image se dresse sans qu'on ait la force de la repousser ; on lui dit : « C'est toi ? Je t'avais oubliée : que ma vie est déjà longue ! » Une sorte d'étourdissement vous vient, et véritablement on a dans la bouche une saveur un peu amère, dont on repasse le goût par culte du passé…
Il arrive aussi qu'on écoute des sons. Vous connaissez ces grosses groseilles bleu et noir qui croissent sur des arbustes aux branches tourmentées et qui dégagent la même odeur que certains insectes ? La première fois que je respirai celle-ci, c'était sur une terrasse, alors que passaient des soldats tumultueux, en route pour une grande guerre ; et aujourd'hui encore, quand la senteur juteuse de ces fruits monte jusqu'à moi, il me semble que j'entends des clairons et des cris…

D'après Pierre Mille, *Le Temps*

Le retour des beaux jours

Semaine 1

La dictée du jour
C'est le printemps

Le printemps était venu. Les vergers fleurissaient. D'abord les abricotiers et les pruniers ouvrirent leurs fleurs blanches et roses comme de petites coupes sur les rameaux sans feuilles ; puis la floraison des pêchers tout à coup vint si abondante que les arbres semblaient couverts d'une neige rose ; les poiriers s'y joignirent, déroulant des feuilles luisantes parmi les corolles blanches dont le centre avait des étamines ressemblant à des pattes d'insecte. Les pommiers, les cerisiers fleurirent à leur tour, mettant dans le paysage une vie et une gaieté qui enivraient le cœur… Seuls les bois gardaient une ombre parmi les grands troncs des arbres dont les branches se découpaient sur l'éclatant ciel bleu.

J.H. Rosny Jeune, *La Leçon de la vie*

La copie des petits

Une hirondelle ne fait pas le printemps, non plus qu'une seule journée de soleil ; de même ce n'est ni un seul jour ni un court intervalle de temps qui font la félicité et le bonheur.

Aristote, Ethique à Nicomaque

La morale du jour

Celui qui croit en un nouveau printemps sème toujours en hiver.

La dictée des grands

Le réveil au Jardin des Plantes, à Paris

Au Jardin des Plantes, personne encore ; les bêtes sont seules ; on est en bonne compagnie... Des canards lustrés, au plumage splendide, y barbotent et travaillent de leurs pattes et de leurs ailes. Le héron pique de son bec pointu les vers qui se tortillent dans la vase, puis, debout sur une patte, regarde d'un air résigné devant lui sans savoir quoi. Des flottes d'oies abordent gravement sur la plage... Au plus haut des arbres, les moineaux chantent ; du fond du jardin arrive une forte rumeur : gloussement de poules, piaulement de faisans, ramage d'oiseaux chanteurs. C'est le concert lointain de toute la création ailée, des volatiles huppés, palmés, aquatiques, aériens, croasseurs, musiciens, dont l'âme tressaille à l'aspect des belles eaux frissonnantes, des jeunes pousses qui s'ouvrent, de la sève qui fait éclater les bourgeons rouges, de la vie printanière qui fleurit la terre et qui entre avec l'air suave jusqu'au plus profond de leur cœur.

H. Taine, *Essais de critique et d'histoire*

Un ours

Orthographe

Les noms masculins finissant par le son [ail], [eil] ou [euil] se terminent par -il.

Exceptions : chèvrefeuille, portefeuille, millefeuille.

A vos répertoires !

Un cours de japonais

J'habite à Cours-la-Ville.

Ils sont sur le court de tennis.

Mon pantalon est trop court.

En cours de route, j'ai rencontré ton cousin.

Aimez-vous la chasse à courre ?

Les élèves s'amusent dans la cour.

Mon pantalon est trop court.

La dictée du certif

Une matinée à Oxford

Les vieux murs, les pierres rongées par la pluie souriaient au soleil levant. Une lumière jeune se posait sur les dentelures des murailles, sur les festons des arcades, sur le feuillage éclatant des lierres. Les roses grimpantes, les chèvrefeuilles montaient le long des meneaux, et leurs corolles tremblaient et luisaient au souffle léger de l'air. Les jets d'eau murmuraient dans les grandes cours silencieuses. La charmante ville sortait de la brume matinale aussi parée et aussi tranquille qu'un palais de fées… Au-dehors, la rivière coulait à pleins bords en larges nappes d'argent reluisantes. Les prairies regorgeaient de hautes herbes, les faucheurs y entraient jusqu'au-dessus du genou. Les boutons-d'or, les reines-des-prés par myriades, les graminées penchées sous le poids de leur tête grisâtre, les plantes abreuvées par la rosée de la nuit avaient pullulé dans la riche terre plantureuse. Il n'y a point de mot pour exprimer cette fraîcheur de teintes et cette abondance de sève. A mesure que la grande ligne d'ombre reculait, les fleurs apparaissaient au jour brillantes et vivantes… Autour d'elles, comme pour les garder, des arbres énormes, vieux de quatre siècles, allongeaient leurs files régulières.

H. Taine, *Histoire de la littérature anglaise*

La dictée des moyens
Thème : Les végétaux

Le palmier est, en France, un arbre exotique. Un grain de blé. Une graine de réséda. Un épi de blé. Un fétu de paille. La nielle et la carie sont des maladies du blé. Le chaume est la tige du blé. La brouissure est un dommage causé aux plantes par la gelée. L'épeautre est un blé rouge qui donne une farine blanche. Un sac d'orge. De l'ivraie. Le sarrasin ou blé noir. Le maïs ou blé de Turquie. J'ai une provision de mil. La récolte du riz a été bonne. Apportez-moi une gerbe d'avoine, une botte de trèfle et une de sainfoin. Un champ de luzerne. Le regain est la seconde coupe des prés. J'ai semé du colza, de la navette, du chènevis. Le lin est une plante textile. De la tisane de houblon. J'ai écossé des pois, des fèves, des haricots et des lentilles. Un bouquet de cerfeuil et de persil. La bourrache et la fumeterre sont des plantes médicinales. J'aime les épinards, la mâche, la roquette et la raiponce. J'ai mangé un fricandeau à l'oseille et une salade de laitue.

C'est la récré !

Un petit chat gris
Qui faisait pipi
Sur un tapis gris.
Sa maman lui dit :
Ce n'est pas poli
De lever la queue
Devant ces messieurs.

Un chat gris

A vos répertoires !

L'orgueil, la feuille, l'éveil, le sommeil, l'abeille, la corbeille, l'épouvantail, le portail, le bouvreuil, le cerfeuil.

Semaine 2

La dictée du jour
Les oiseaux dans les feuillages

Dans les profondeurs des feuillages, sur la limite du jardin, dans les cerisiers blancs, dans les troènes en fleur, dans les lilas chargés de bouquets et d'arômes, toute la nuit, pendant ces longues nuits où la lune éclairait, où la pluie quelquefois tombait, paisible, chaude et sans bruit, comme des pleurs de joie, toute la nuit les rossignols chantaient. Dès que le temps était triste, ils se taisaient. Ils reprenaient avec le soleil, avec les vents plus doux, avec l'espoir de l'été prochain. Puis les couvées faites, on ne les entendait plus.

Eugène Fromentin, *Dominique*

reprenaient ils reprenais
avec le soleil

Orthographe

Tous les noms terminés par le son [zon] s'écrivent son.
Exemple : la saison.
Exceptions : gazon et horizon qui prennent un z.

Tout : lorsqu'il se rapporte à un nom ou le remplace, est variable (s'accorde en genre et en nombre avec le nom)
Tout : lorsqu'il est adverbe signifiant tout à fait, est invariable. Il s'accorde cependant devant les adjectifs qualificatifs féminins commençant par une consonne ou un h aspiré.
Exemple : Toute la nuit, tous les habitants de la ville, dans toutes les maisons, avaient veillé. Tous pensaient à cette étoile toute proche qui brillait.

Une feuille

La copie des petits
Un jardin abandonné

Il y avait un banc de pierre dans un coin, une ou deux statues moisies, quelques treillages décloués par le temps pourrissant sur le mur ; du reste, plus d'allées ni de gazon ; du chiendent partout. Le jardinage était parti, et la nature était revenue. Les arbres s'étaient baissés vers les ronces, les ronces étaient montées vers les arbres ; la plante avait grimpé, la branche avait fléchi ; ce qui rampe vers la terre était allé trouver ce qui s'épanouit dans l'air ; troncs, rameaux, feuilles, fibres, touffes, vrilles, sarments, épines, s'étaient mêlés, traversés, mariés, confondus…

Victor Hugo, *Les Misérables*

La dictée des moyens
Thème : Plume et plumes

La pie-grièche, le gobe-mouches, le merle, la grive, le loriot, la fauvette, le rossignol, le roitelet, le hochequeue, la bergeronnette, l'hirondelle, le martinet, l'engoulevent, l'alouette, la mauviette, la mésange, l'ortolan, le moineau, le pinson, le chardonneret, le linot, le serin, le canari, le verdier, la pie, le geai, le colibri ou oiseau-mouche, le grimpereau sont des passereaux. Le pivert, le coucou, le perroquet, la perruche, le cacatoès sont des grimpeurs. Voici un beau dindon, une belle dinde, un joli faisan. On nous a donné un coq, une poule grasse avec ses poussins. Une magnifique pintade. Une perdrix rouge. Une gelinotte est une sorte de perdrix. J'ai des cailles, un pigeon apprivoisé, une tourterelle, une blanche colombe, un pigeon ramier. L'autruche, le casoar, l'outarde, le pluvier, le vanneau, la grue, le héron, l'ibis, le courlis, la cigogne, la bécasse, la bécassine, le flamant sont des échassiers.

C'est la récré !

Alléluia !
Martin s'en va
Dans son grenier
Chercher des rats ;
C'est pas pour lui,
C'est pour son chat,
Alléluia !

Un héron

La dictée du certif
Dans chaque fleur chante une abeille

Le chêne est la force de la forêt, le bouleau en est la grâce ; le sapin, la musique berceuse ; le tilleul, lui, en est la poésie intime. L'arbre tout entier a je ne sais quoi de tendre et d'attirant ; sa souple écorce, grise et embaumée, saigne à la moindre blessure ; en hiver, ses pousses sveltes s'empourprent comme le visage d'une jeune fille à qui le froid fait monter le sang aux joues ; en été, ses feuilles en forme de cœur ont un susurrement doux comme une caresse.
Va te reposer sous son ombre par un bel après-midi et tu seras pris comme par un charme. Tout le reste de la forêt est assoupi et silencieux ; à peine entend-on au loin un roucoulement de ramiers ; la cime arrondie du tilleul, seule, bourdonne dans la lumière. Au long des branches, les fleurs d'un jaune pâle s'ouvrent par milliers, et dans chaque fleur chante une abeille. C'est une musique aérienne, joyeuse, née en plein soleil et qui filtre peu à peu jusque dans les dessous assombris où tout est paix et fraîcheur. En même temps chaque feuille distille une rosée mielleuse, qui tombe sur le sol en pluie impalpable ; et, attirés par la valeur sucrée de cette manne, tous nos grands papillons des bois tournoient lentement dans une demi-obscurité comme de magnifiques fleurs ailées. C'est surtout pendant les nuits d'été que la magie du tilleul se révèle dans toute sa puissance. Au parfum des prés mûris, la forêt mêle la balsamique odeur des tilleuls. C'est une senteur moins pénétrante que celle des foins coupés, mais plus embaumée et faisant rêver aux lointaines féeries.

André Theuriet, *Sous bois*

A vos répertoires !
Le chêne, la forêt, la grâce, pâle, une caresse, un susurrement, la fraîcheur, un roucoulement, la rosée, le sol, la pluie, la manne, une senteur.
Un bel après-midi, une belle aventure.
Les beaux jours, les belles journées.

Semaine 3

La dictée du jour
Le carrosse renversé

L'archevêque de Reims revenait hier fort vite de Saint-Germain ; c'était comme un tourbillon. S'il croit être grand seigneur, ses gens le croient encore plus que lui. Ils passaient au travers de Nanterre, tra, tra, tra ; ils rencontrent un homme à cheval, gare, gare ! Ce pauvre homme se veut ranger, son cheval ne le veut pas ; enfin le carrosse et les chevaux renversent le pauvre homme et le cheval, et passent par-dessus, et si bien par-dessus que le carrosse en fut versé et renversé ; en même temps l'homme et le cheval, au lieu de s'amuser à être roués de coups et estropiés, se relèvent miraculeusement, et remontent l'un sur l'autre, et s'enfuient et courent encore…

Mme de Sévigné, *Lettres*

Orthographe

Le mode infinitif ne varie pas en fonction des personnes, il est dit impersonnel. Temps zéro du verbe, carte d'identité en quelque sorte, il doit toujours être retenu selon son groupe d'appartenance (1er, 2e ou 3e).

À vos répertoires !
Croire, passer, vouloir, rencontrer, s'enfuir, courir.

Mourir ne prend qu'un « r » parce qu'on ne meurt qu'une fois !

Morale du jour
Qui veut voyager loin ménage sa monture.

La dictée des grands
En voiture, à la lueur des lanternes

Les lanternes de la voiture jettent une lueur blafarde qui rend monstrueuse la croupe des chevaux par intervalles, de farouches tignasses d'ormeaux apparaissent brusquement dans la clarté et s'évanouissent ; les flaques d'eau pétillent, les arbres de la plaine ne sont plus des arbres, ce sont des géants hideux, que l'on croit voir s'avancer lentement vers le bord de la route. Les villes qu'on traverse se mettent aussi à danser : les rues montent et descendent perpendiculairement, les maisons se penchent pêle-mêle sur la voiture, et quelques-unes y regardent avec des yeux de braise. Ce sont celles qui ont encore des fenêtres éclairées.

Victor Hugo, *Le Rhin*

La dictée des moyens
Thème : Les animaux

J'ai vu un sanglier, une laie, un petit marcassin et un rhinocéros. Un cheval, une jument, un poulain. Un bel alezan. Un cheval morveux. Un noble coursier. Une haridelle. Un bardot est un petit mulet. Un âne et un zèbre. Le dromadaire a une bosse. Dans notre ménagerie il y avait un lama, une vigogne, un chevrotin, un cerf, une biche et son faon, un renne, un daim et un chevreuil, une girafe, une antilope, une gazelle, un chamois, un bouc, une chèvre, un cabri, un bouquetin des Alpes, un bélier, un mouton, une brebis et un agneau, un bœuf, un taureau, une vache, un veau, une génisse et un buffle. Le dauphin, le marsouin, le narval, le cachalot et la baleine sont des cétacés. Le vautour, le griffon, le faucon, l'aigle, l'autour, l'épervier sont des oiseaux de proie. Le hibou, la chouette, l'effraie, le chat-huant sont des oiseaux de proie nocturnes. Quelle quantité de passereaux !

A vos répertoires !

Les chevaux, les ormeaux, des géants hideux, pêle-mêle, perpendiculairement.

Un cheval

C'est la récré !

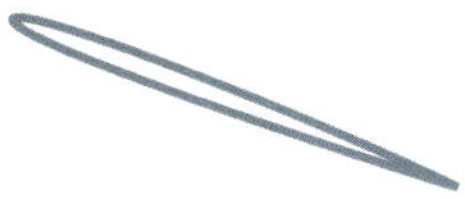

Une aiguille
Je te pique
Une épingle
Je te pince
Une agrafe
Je t'attrape

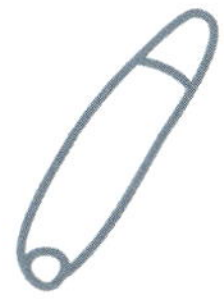

La copie des petits
Bonjour !

Comme un diable au fond de sa boîte
Le bourgeon s'est tenu caché…
Mais dans sa prison trop étroite
Il bâille et voudrait respirer.
Il entend des chants, des bruits d'ailes,
Il a soif de grand jour et d'air,
Il voudrait savoir les nouvelles,
Il fait craquer son corset vert.
Puis d'un geste brusque il déchire
Son habit étroit et trop court,
« Enfin, se dit-il, je respire,
Je vis, je suis libre… Bonjour ! »

Paul Géraldy

Semaine 4

La dictée du jour
Le petit cochon rose comme un joujou

Le cochon entrait. Ce n'était plus le petit cochon rose comme un joujou fraîchement peint, le derrière planté d'une queue pareille à un bout de ficelle ; mais un fort cochon, bon à tuer, rond comme une bedaine de chantre, l'échine couverte de soies rudes… Les oies balançaient le cou mollement, stupides, béates ; les canards et les dindes s'en allaient le long des murs, avec des déhanchements prudents d'animaux infirmes ; les poules caquetaient à voix basse, piquant un grain invisible dans le sol dur de l'écurie, tandis que le cochon, la chèvre, la grande vache, comme peu à peu ensommeillés, clignaient des paupières.

Emile Zola, *La Faute de l'abbé Mouret*

Orthographe

Les noms masculins terminés par le son [wa] s'écrivent souvent -oi et les noms féminins s'écrivent le plus souvent -oie.
Exemples : un emploi, une courroie.
Cette règle n'est pas absolue et nombreuses sont les exceptions. D'où la nécessité de recopier et de retenir les principaux mots terminés par le son [wa].

La morale du jour

À chaque jour suffit sa peine.

La copie des petits

Martine à la ferme

Pendant les vacances, Martine aime beaucoup venir dans la ferme de ses grands-parents qui habitent dans le Brionnais.

Dans la cour, les après-midi sont chauds, et Minou, le gros chat, somnole. Patapouf, le chien noir, ronge son os. Les poules picorent, les dindons gloussent. Des familles de canards se promènent vers la mare et les petits sont à la queue leu leu. Tout ce petit monde animal respire la joie de vivre et Martine est très heureuse.

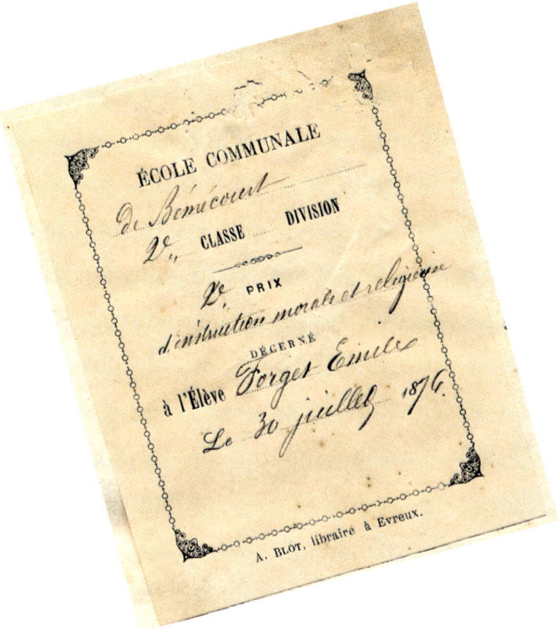

ÉCOLE COMMUNALE
de Bémécourt
2e CLASSE DIVISION
2e PRIX
d'instruction morale et religieuse
DÉCERNÉ
à l'Élève Forget Emile
Le 30 juillet 1876
A. BLOT, libraire à Evreux.

Un chamois

À vos répertoires !

Le désarroi, l'effroi, l'émoi, la loi, la joie, la soie, la voie, le patois, le chamois.

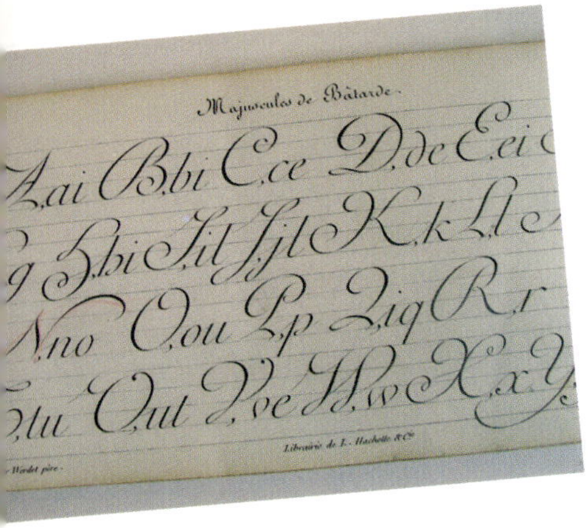

C'est la récré !

Il était une fois
Dans la ville de Foix
Une marchande de foie
Elle se dit ma foi
C'est bien la dernière fois
Que je vends du foie
Dans la ville de Foix.

La dictée des moyens
Toutes les ruses du lièvre

Sur le versant opposé du coteau, le lièvre, pensant qu'il avait assez d'avance pour perdre un peu de temps, recommença de déployer ses ruses qui étaient, d'ailleurs, les ruses de tous les lièvres du pays et même, sans doute, de tous les lièvres du monde. A la lisière d'un champ de citrouilles, il obliqua soudain sur la droite, revint à son point de départ, fila vers la gauche, revint encore, continua ce manège dans toutes les directions, puis, d'un bond étonnant, sauta sur une énorme citrouille, et, de là, sur un petit mur de clôture dont il suivit la crête le plus longtemps qu'il put. A l'extrémité du mur, il fit encore un saut magnifique, retomba sur un petit sentier et, par ce sentier, contourna le coteau afin de revenir à son point de départ.

Ernest Pérochon, *Le Livre des quatre saisons*

La dictée du certif
Une charcuterie

L'étalage était posé sur un lit de fines rognures de papier bleu. D'abord, tout en bas, contre la glace, il y avait une rangée de pots de moutarde. Les jambonneaux venaient au-dessus avec leur bonne figure ronde, jaune de chapelure, et leur manche terminé par un pompon vert. Ensuite, arrivaient les langues fourrées de Strasbourg, rouges et vernies ; les boudins noirs, roulés comme des couleuvres bonnes filles ; les andouilles, empilées deux à deux, blanches et gonflées ; les grosses pièces de veau et de porc dont la gelée avait des limpidités de sucre candi. Il y avait encore de larges terrines au fond desquelles dormaient des viandes et des hachis dans des lacs de graisse figée.

Entre les plats, sur le lit de rognures bleues, se trouvaient jetés des bocaux d'olives, des boîtes de thon et de sardines. Une caisse de fromages laiteux et une corbeille pleine d'escargots bourrés de beurre persillé étaient posées aux deux coins, négligemment.

Enfin, tout en haut, des colliers de saucissons et de cervelas pendaient symétriques, semblables à des cordons et à des glands de tenture riche.

Et là, sur le dernier gradin de cette chapelle du ventre, entre deux bouquets de glaïeuls pourpres, le reposoir se couronnait d'un aquarium garni de rocaille, où deux poissons rouges nageaient continuellement.

D'après Emile Zola,
Le Ventre de Paris

Semaine 5

La dictée du jour
Le berger illettré

« Ah ! Si j'avais su, si je savais ce que tu sais, qui sait ce que j'aurais dit, ce que j'aurais fait ? J'aurais pu dire le poids que j'ai là, qui m'écrase la poitrine... Quoi qu'il en soit, je ne serais pas l'âne porteur d'une figure humaine que je suis ; dans les livres, je verrais autre chose que le noir et le blanc que j'y vois ; je pourrais lire, penser, écrire, je pourrais être fier, être heureux dans ma vie de pâtre ; car alors, en dehors de l'adresse que j'ai, je pourrais fièrement dire : je suis un homme ! Mais je ne sais ni a ni b ! Je suis un imbécile, un zéro en chiffre ! Je suis un homme manqué ! » Un grand sanglot traversa ces dernières paroles.

Batisto Bonnet, *Vie d'enfant*

Orthographe

Le mode conditionnel sert à exprimer des faits irréels ou possibles dont la réalisation est ou a été soumise à une condition :
« J'irais me promener au bord de la Loire si le temps était beau. »
« Je serais allée me promener si hier tu étais venu me chercher. »

LENTS ET LES HOMMES
UNE FILLE UNIQUE

La dictée des moyens
L'école buissonnière

Trois ou quatre galopins venaient m'attendre à mon départ pour l'école et me disaient : « Eh, nigaud ! Que veux-tu aller faire à l'école, pour rester tout le jour entre quatre murs ! Pour être mis en pénitence ! Viens jouer avec nous. »

Hélas ! l'eau claire riait dans les ruisseaux ; là-haut, chantaient des alouettes ; les bleuets, les glaïeuls, les coquelicots, les nielles fleurissaient au soleil dans les blés verdoyants… et je disais : « L'école, eh bien ! Tu iras demain. »

Et alors, dans les cours d'eau, avec les culottes retroussées, houp ! on allait « guéer ». Nous barbotions, nous pataugions, nous pêchions des têtards, nous faisions des pâtés, pif ! paf ! avec la vase ; puis on se barbouillait de limon noir jusqu'à mi-jambes, pour se faire des bottes…

Voici qu'un jour mon père, que le maître d'école avait dû prévenir, me dit :

« Ecoute, Frédéric, s'il t'arrive encore une fois de manquer l'école pour patauger dans les fossés, vois, rappelle-toi ceci : je te brise une verge de saule sur le dos. »

Trois jours après, par étourderie, je manquai encore la classe, et je retournai « guéer »…

Soudain, à trente pas de moi, je vois apparaître mon père. Mon sang ne fit qu'un tour.

Mon père s'arrêta et me cria : « Cela va bien… Tu sais ce que je t'ai promis ? Va, je t'attends ce soir. »

Rien de plus, et il s'en alla.

Frédéric Mistral, *Mémoires et récits*

La morale du jour

Le fruit du travail est le plus doux des plaisirs.

Vauvenargues

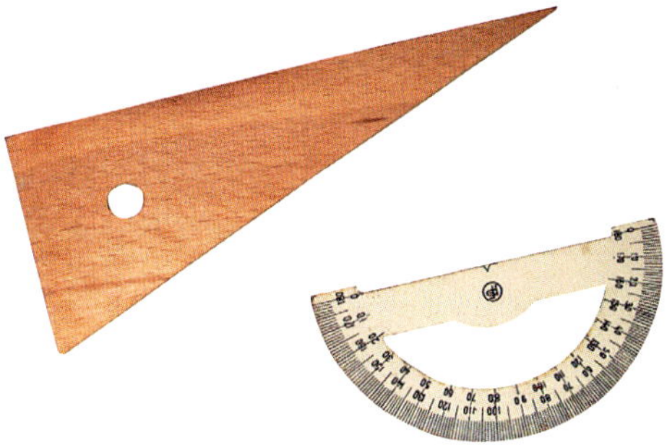

À vos répertoires!

Nous pêchions, un têtard, un pâté.
La pénitence, une alouette.

Orthographe

L'accent circonflexe sert parfois à différencier des homonymes.
Exemples : Prenez donc du café. Il avait dû boire son café brûlant.
Il est sûr d'avoir laissé ses clés sur le mur.
Sur le mur il y a des fruits mûrs.

Une clé

Un café

Un têtard

La copie des petits
L'hommage de Voltaire à ses maîtres

« J'ai été élevé pendant sept ans chez des hommes qui se donnent des peines gratuites et infatigables à former l'esprit et les mœurs de la jeunesse. Depuis quand veut-on que l'on soit sans reconnaissance pour ses maîtres ? Rien n'effacera dans mon cœur la mémoire du père Porée qui est également cher à tous ceux qui ont étudié sous lui. Jamais homme ne rendit les études et la vertu plus aimables. Les heures de ses leçons étaient pour nous des heures délicieuses et j'aurais voulu qu'il eût été établi dans Paris comme dans Athènes, qu'on pût assister à tout âge à de telles leçons : je serais souvent revenu les entendre. J'ai eu le bonheur d'être formé par plus d'un jésuite du caractère du père Porée et je sais qu'il a des successeurs dignes de lui.

[...]

Assurez-les de mon attachement inviolable pour eux, je le leur dois, ils m'ont élevé, c'est être un monstre que de ne pas reconnaître ceux qui ont cultivé notre âme. »

Voltaire, *Correspondance*

C'est la récré !

Rabidi bidou,
Une cope, une cope !
Rabidi, bidou,
Une cope, cinq sous !
La petite chatte à ma tante José
Est bien malade, en grand danger.
Le docteur lui tâte le pouls
Pauvre petite chatte, elle a mal partout.
Rabidi, bidou,
Une cope, une cope
Rabidi, bidou
Une cope, cinq sous !

La dictée des grands
Un élève modèle

Le général Drouot était le fils d'un boulanger de Nancy. Dès le jeune âge, il s'était senti poussé vers l'étude par un précoce instinct. Ses parents, témoins de son application toute volontaire, lui permirent de suivre les leçons du collège, mais sans lui rien épargner des devoirs et des gênes de la maison. Le soir, on éteignait la lumière de bonne heure par économie, et le pauvre écolier devenait ce qu'il pouvait, heureux lorsque la lune favorisait par un éclat plus vif la prolongation de sa veillée. On le voyait profiter assidûment de ces rares occasions. Dès deux heures du matin, quelquefois plus tôt, il était debout ; c'était le temps où le travail domestique commençait à la lueur d'une seule et unique lampe. Il reprenait aussi le sien ; mais la lampe infidèle, éteinte avant le jour, ne tardait pas à lui manquer de nouveau ; alors il s'approchait du four ouvert et enflammé et continuait à ce rude soleil la lecture commencée.

Lacordaire, *Eloge funèbre du général Drouot*

La dictée du certif

Un étonnant candidat

Voici comment le brave général raconte lui-même l'examen qu'il passa pour être admis dans l'artillerie :

Un jour je lus une affiche qui prévenait les jeunes gens qu'un examen pour entrer dans l'artillerie devait avoir lieu à Metz ; j'obtins de mon père la permission d'y aller. Ma famille n'était pas riche, et je reçus six francs pour faire mon voyage. Je partis, bien entendu, à pied, et, arrivé à Metz, j'allai tout droit dans la salle où se passaient les examens. J'y fus reçu par un immense éclat de rire. Il faut dire que j'étais petit, maigre, chétif, que je me présentais tout poudreux encore de ma route, un bâton à la main et chaussé de gros souliers. Un peu interdit, je m'arrêtai, lorsque l'examinateur me dit avec une bonté qui me rendit un peu de courage :

« Vous vous trompez sans doute, mon ami ; que demandez-vous ?

– Je voudrais subir l'examen, monsieur. »

Et un nouvel éclat de rire retentit dans toute la salle.

« Mais, reprit l'examinateur, vous savez que c'est un examen pour l'artillerie ; vous connaissez donc les matières indiquées au programme ?

– Monsieur, je les ai étudiées.

– Eh bien, mon ami, asseyez-vous, et, lorsque votre tour viendra, je vous appellerai. »

J'allai m'asseoir dans un petit coin, poursuivi par les rires moqueurs. Cependant, j'écoutais les questions de l'examinateur, les réponses de ces jeunes gens, et le courage me revenait, car je me disais : « J'en sais bien autant qu'eux. » Enfin mon tour arriva. La salle, qui s'était dégarnie, fut bientôt pleine de curieux qui venaient assister à l'examen du petit paysan. L'examinateur commença par me demander les principes de l'arithmétique ; il poursuivit ses questions, et bientôt je le vis s'arrêter et me regarder, étonné.

« Où avez-vous suivi votre cours de mathématiques ? me dit-il.
– J'ai presque toujours travaillé seul, monsieur » lui répondis-je.
Mon examen dura deux heures ; lorsqu'il fut terminé, l'examinateur se leva, vint m'embrasser et me dit :
« Recevez mon compliment ; dès aujourd'hui vous pouvez vous regarder comme faisant partie du corps de l'artillerie. »
Un plus grand honneur m'attendait encore ; les jeunes gens qui m'avaient accueilli le matin avec des huées m'entourèrent et, malgré moi, me portèrent en triomphe dans les rues de Metz. Ce fut le plus beau jour de ma vie.

Lacordaire, *Eloge funèbre du général Drouot*

Semaine 6

La dictée du jour
C'est la fête !

Il faut qu'à une lieue à la ronde, hommes, femmes, filles et garçons, nobles, marchands, paysans, avec la soie, le velours, le satin, le papier, se mettent à fabriquer des simulacres de fleurs ; qu'ils taillent dans leurs vêtements, qu'ils massacrent les tentures, les paravents, les nattes du sol, tout ce qui leur semblera bon, puis que toutes ces fleurs soient, avant l'aube, liées, clouées, collées sur les arbres, sur les buissons, sur les arbustes, les plus réussies sur les bords des routes, les plus grossières aux derniers plans. Ordonnez que personne ne mange ni ne dorme cette nuit.

Judith Gautier, *Le Paravent de soie et d'or*

Orthographe

Le participe passé employé avec l'auxiliaire « être » s'accorde en genre et en nombre avec le nom auquel il se rapporte.
Exemple : [...] que toutes ces fleurs soient [...] liées, clouées, collées sur les arbres.

La morale du jour

Qui parle, sème.
Qui écoute, récolte.
Pythagore

La dictée des moyens

Thème : Du malheur et du bonheur

Un attentat cruel. Une violence indigne. Il a pris une résolution funeste. Un triste homicide est arrivé hier. Un assassin furieux. Un meurtrier involontaire. Un effroyable parricide. Un brigand audacieux a poursuivi mon ami qui a été la victime d'un guet-apens. La honte d'une mauvaise action. Un déshonneur redouté. Le mépris des humains. Des opprobres et des ignominies. Un vice haïssable. Une mémoire en exécration. Un célèbre coupe-jarret. Un malheureux destin. Georges a une chance surprenante. Un coup de hasard. Une conjoncture favorable. Un événement opportun. Un incident fortuit a changé ma vie. Un résultat imprévu. Une visite inopinée. Un heureux expédient. Une dernière ressource lui reste. Laure a une haute protection. Un dessein favorable. Une option difficile. Une précaution inutile. Un essai infructueux. Une rigoureuse épreuve. Votre début est encourageant. Un obstacle insurmontable. Des entraves ont arrêté les deux généraux qui ont conclu une suspension d'armes. Un succès extraordinaire. Un petit bien-être suffit à l'homme modeste. Une grande aisance.

A vos répertoires !

Un cavalier, un carrousel.
Une bretelle, une selle, une crosse, un chapeau de paille, un burnous, basané, la ceinture.

La copie des petits

Un goûter dansant

Il y avait cinquante couverts. Au milieu et aux deux bouts, dans des corbeilles basses, des buissons de fleurs s'épanouissaient, séparés par de hauts compotiers sur lesquels s'entassaient des « surprises », dont les papiers dorés et peinturlurés luisaient. Puis c'étaient des gâteaux montés, des pyramides de fruits glacés, des empilements de sandwichs et, plus bas, toute une symétrie de nombreuses assiettes pleines de sucreries et de pâtisseries ; les babas, les choux à la crème, les brioches alternaient avec les biscuits secs, les croquignoles, les petits-fours aux amandes. Des gelées tremblaient dans des vases de cristal. Des crèmes emplissaient des jattes de porcelaine. Et les bouteilles de vin de Champagne, hautes comme la main, faites à la taille des convives, allumaient autour de la table l'éclair de leurs casques d'argent.

Emile Zola, *Une page d'amour*

C'est la récré !

Oh ! maman j'ai mal au cœur,
Vite, un verre de liqueur !
C'est ma sœur qui m'a fait peur
Dans la rue des trois couleurs :
Bleu, blanc, rouge,
La Croix-Rouge !
Bleu, blanc, vert,
La croix de l'enfer !

La Croix-Rouge

Un cœur

La dictée des grands

Spectacle d'une fête arabe

Les cavaliers étaient armés en guerre et costumés, parés, équipés comme pour un carrousel ; tous, avec leurs longs fusils pendus par la bretelle en travers des épaules, ou posés horizontalement sur la selle, ou tenus de la main droite, la crosse appuyée sur le genou. Quelques-uns portaient le chapeau de paille conique empanaché de plumes noires ; d'autres avaient leur burnous rabattu jusqu'aux yeux ; et ceux dont on ne voyait pas la barbe ressemblaient ainsi à des femmes maigres et basanées ; d'autres, nus jusqu'à la ceinture, le ceinturon garni de pistolets et de couteaux, et le vaste pantalon de forme turque en drap rouge, orange, vert ou bleu, soutaché d'or ou d'argent, paradaient superbement sur de grands chevaux habillés de soie, comme on les voyait au Moyen Age.

Eugène Fromentin, *Un été dans le Sahara*

La dictée du certif

Repas de noce

Le vendredi, veille de la noce, la Piarissoune, une cuisinière de Saint-Vert, avait réuni sur une table portée par deux tréteaux, sous le hangar, de quoi préparer le festin : quinze livres de beurre, dix douzaines d'œufs, cinq livres de confiture, quatre livres de graisse blanche, seize livres de veau, douze livres de bœuf, quatre têtes de veau, un gigot de mouton, cinq poulets, une dinde et des légumes : carottes, pommes de terre, haricots, choux-fleurs. Et aussi du café, du sucre, du poivre, du sel, de l'eau-de-vie et de la moutarde. Il y avait de quoi manger. « S'il y a des restes, avait dit Françoise, ils se mangeront bien. Nous sommes là pour en profiter. »

Lucien Gachon, *Maria*

عثمان

Semaine 7

La dictée du jour
Dans la savoureuse odeur de pimprenelle et de mélilot

Ce matin-là, Gertrude se leva à la fine pointe du jour pour surveiller ses faucheurs. Dans la ferme, tout était silencieux. Seul un coq dans le poulailler claironnait pour annoncer la prime aube à ses poules. Gertrude descendit l'escalier avec précaution pour ne pas éveiller son monde, chaussa ses souliers ferrés, coupa un croûton de pain à la miche et s'engagea dans le sentier des prés en grignotant son frugal déjeuner.

La prairie était mûre ; parmi l'herbe haute et moite de rosée, çà et là des places vertes et rases indiquaient que la fenaison avait déjà commencé. Gertrude assista à l'arrivée des faucheurs. Non contente de les surveiller, elle se mit bravement à l'ouvrage et, la faux en main, marchant en ligne avec ses ouvriers, elle abattit drument l'herbe autour d'elle, ce qui était le meilleur moyen de les encourager. Aussi quand neuf heures sonnèrent, alors que le soleil déjà cuisait les reins des faucheurs, un bon bout du pré était tondu. Les hommes firent halte pour souffler et manger la fromagée. Gertrude reprit le chemin de la ferme. Sous ses gros souliers, les jonchées de foin exhalaient une savoureuse odeur de pimprenelle et de mélilot qui délectait l'odorat. Ragaillardie par cet exercice matinal et aussi par la pensée que la récolte serait copieuse, elle marchait sans se presser, s'amusant à écouter la chanson affairée de la fauvette des roseaux que scandait le bruit métallique des faux qu'on rebattait.

A. Theuriet, *La Chanoinesse*

Orthographe

L'adverbe appartient à la catégorie des mots invariables.
Beaucoup d'adverbes se terminent par -ment.
Exemples : bravement, drument, lentement, doucement, tristement, carrément.

Quand l'adverbe est formé sur un adjectif en -ent ou en -ant, il y a doublement de consonnes.
Exemples : suffisant, suffisamment
décent, décemment

A vos répertoires !

Immédiatement, violemment, différemment, apparemment, prudemment, constamment, simplement, seulement, silencieusement.

La dictée des moyens
A cheval

De bon matin, dans le brouillard de l'aube, je sortirai. Je sifflerai, pour lui donner l'avoine, mon poney qui broute librement. Je le verrai arriver sans hâte, fouaillant de sa queue les moustiques acharnés sur sa croupe. Il frottera contre mon épaule son front étoilé de blanc. Tout en mangeant, il lèvera un de ses pieds de derrière pour chasser la mouche importune attachée à son flanc. Une caresse derrière l'oreille, une claque sur l'épaule, et je rentre…

M. Constantin-Weyer, *Un homme se penche sur son passé.*

Orthographe

Je ne confonds pas :
Le futur simple de l'indicatif employé pour désigner une action à venir mais certaine...
Exemple : Demain je prendrai le train pour Paris et j'arriverai dans la capitale à 13 heures.

... avec le conditionnel présent employé pour désigner une action soumise à une ou plusieurs conditions.
Exemple : S'il n'y avait pas de grève et si j'avais terminé mon dossier, je prendrais le train pour Paris.

Pour contrôler qu'il s'agit d'un futur (-ai) ou d'un conditionnel présent (-ais), on peut remplacer la première personne du singulier (je) par la première personne du pluriel (nous).
Exemples : demain, j'irai déjeuner à Paris.
Demain, nous irons déjeuner à Paris (futur simple).

S'il faisait beau, j'irais déjeuner au parc.
S'il faisait beau, nous irions déjeuner au parc (conditionnel).

La dictée des grands
Un maire modèle

Telle était la part que Dominique prenait à la vie publique de son pays : administrer une très petite commune perdue loin de tout centre ; veiller aux routes, aux dessèchements ; tenir les levées en état ; penser aux intérêts de beaucoup de gens dont il était au besoin l'arbitre, le conseil et le juge ; empêcher les procès et les discordes aussi bien que les disputes ; prévenir les délits ; soigner de ses mains, aider de sa bourse ; donner de bons exemples d'agriculture ; tout cela le plus simplement du monde, comme un devoir de position, de fortune et de naissance.

Eugène Fromentin, *Dominique*

Orthographe

Au masculin, les adjectifs qualificatifs terminés par le son [ik] s'écrivent -ique, sauf public.
Exemples : magnifique, ludique, mirifique.

La dictée du certif
Le réveil de la ferme

C'est le petit jour. Le coq lance son cri dans la vallée encore toute grise et, au loin, bien loin, les échos lui répondent dans le silence. Tom se retourne dans sa niche après avoir lancé deux ou trois aboiements. Les feuilles se mettent à frissonner pour saluer, elles aussi, le Père de la lumière et de la vie.

Tout est encore sombre, mais en bas, dans l'allée, le garçon de labour marche d'un pas pesant, ouvre la lucarne du fenil pour donner du fourrage aux bêtes ; les chaînes remuent ; les bœufs mugissent tout bas, comme endormis ; les sabots vont et viennent.

Un léger nuage pourpre indique à l'orient que le soleil va paraître.

Mais déjà la ferme est pleine de bruit : dans la cour, le coq, les poules, le chien, tout va, vient, caquète, aboie. Dans la cuisine, les casseroles tintent, le feu pétille, les portes s'ouvrent et se referment. Une lanterne passe dehors sous le hangar.

Puis, tout à coup, tout devient blanc... Le soleil est là, rouge, étincelant ; il jette sur la rivière une poussière d'or qui éblouit.

Erckmann-Chatrian, *L'Ami Fritz*

Le coq

Vers les grandes vacances

Semaine 1

La dictée du jour
Petite ville de province

Il faisait très chaud. Une lumière violente baignait le paysage, jusqu'aux lointains surchauffés où montait une buée bleu pâle. Parmi cette ample perspective de terres opulentes et paisibles, Saint-Jean, peu à peu, s'élevait d'un repli profond où coulait la Boutonne, et évoquait, avec ses maisons blanches et ses toits plats à grosses tuiles rondes, l'aspect, déjà, d'une cité provençale. Fabienne regardait venir à elle la ville. On y pénétra par un large boulevard, on traversa un square où les palmiers mettaient une note exotique. Et on fut en pleine ville, dans les petites rues blanches, chaudes, avec d'étroits trottoirs où les flâneurs, à petits pas, s'en revenaient du jeu de boules ou s'en allaient vers la place pour l'apéritif du soir. Guerran, pour faire une surprise à Fabienne, suivit un dédale de ruelles et, brusquement, arrêta la voiture devant l'antique église de Saint-Jean-d'Angély, cette singulière, immense et splendide basilique commencée depuis deux cents ans, abandonnée à mi-œuvre sous la Révolution, et qui ne sera jamais terminée…

Ils sortirent de la ville par la route de Poitiers, roulèrent deux kilomètres, empruntèrent à droite un chemin étroit à travers bois, et franchirent sur un petit pont une rivière rapide et claire, que Guerran nomma : la Boutonne.

Maxence Van der Meersch, *Corps et Ames*

Vittel

Orthographe

Peut / Peux / Peu

Il ne faut pas confondre peux et peut (du verbe pouvoir) avec peu, adverbe de quantité.

Si l'on peut remplacer [peu] par pouvais/pouvait, il s'agit du verbe pouvoir.

Exemples :

Pierre peut tondre la pelouse cet après-midi.

Pierre pouvait tondre la pelouse cet après-midi. Il avait pourtant peu de temps devant lui.

C'est la récré !

Chez l'épicier Godard
Il y avait une batterie
Je monte sur un tonneau
Pour voir la comédie
Cric crac
Voilà le tonneau qui craque
Je tombe dans la mélasse
Et je n'y parais plus
Et l'épicier non plus.

Un tonneau

La morale du jour

La ville a une figure, la campagne a une âme.

Jacques de Lacretelle

La dictée des moyens

Thème : La ville

Une ville industrielle. Un faubourg très fréquenté. Un nouveau boulevard. La muraille du jardin. Des gardes de barrière. Le garde-fou du pont. Un quartier populeux. Une rue large. Une ruelle étroite. Une impasse obscure. Une statue a été érigée sur la place. J'ai donné l'aumône au mendiant du quai. Une chaussée boueuse. Les dalles de la chapelle. Un trottoir bien pavé. Un éclairage au gaz. Un édifice superbe. Un palais ducal se voit encore à Dijon. Un musée de peinture. Un élève du Conservatoire. Une halle aux blés. Un bazar bien fourni. Un hospice et un hôpital. Un long séjour dans le lazaret est ennuyeux. Un très bel aqueduc. Un conduit souterrain. Un immense égout. Un affreux cloaque. Les immondices et les balayures ont été emportées par la pluie. Une exhalaison infecte. Une demeure somptueuse. Un pauvre gîte. Un misérable logis. Un charmant pied-à-terre. Une habitation champêtre. Une résidence passagère. Un hôtel princier. L'intendant du château et le sommelier sont des fripons.

Semaine 2

La dictée du jour

Troupeaux au Maroc

En plein été, au mois d'août, on crie au mouton. Et l'appel touche les troupeaux épars sur les pâturages désertiques des Hauts-Plateaux. Alors les quatre directions de l'espace s'animent et les bêtes se mettent en marche vers le lieu de rassemblement. La grande fête des bêtes laineuses commence… Vers le soir, sur le roc du plateau calciné de feux, débouchent, précédés d'un nuage de terre incandescente, ces multitudes lamentables et altérées. Par milliers de museaux plaintifs, elles bêlent, séchées par le soleil, râpées par l'air torride de l'été, elles tendent leurs naseaux bruns vers les petites sources où filtrent quelques maigres filets d'eau…

Dans un rocher creusé comme une auge rustique, elle s'épanche et reste. Déjà s'y désaltèrent les premières brebis. Et la colonne monte : les boucs, les béliers, les moutons, les chèvres, les chevreaux, les mulets, les agneaux, les ânes, pêle-mêle, se poussent, se bousculent, se mordent ; et de grands bergers secs, au crâne rasé, crient et frappent sur le dos des bêtes têtues qui élèvent des plaintes déchirantes, cependant que les ânes braient, que les chevaux hennissent et que les chiens sauvages courent, halètent et aboient avec fureur.

Henri Bosco, *Des sables à la mer*

Orthographe

« Les petites sources où filtrent quelques maigres filets d'eau. »

Le verbe s'accorde avec son sujet même quand celui-ci est placé après lui, c'est-à-dire est inversé.

Il faut toujours poser la question : « Qui est-ce qui ? » pour savoir comment se fait l'accord.

C'est la récré !

J'te vends ma vache
Bonne au beurre
Bonne au lait
Bonne au veau
Bonne à tout ce que tu voudras faire
Un plat d'morue
Marché conclu
Ma vache est vendue.

La vache

La copie des petits
Piment d'Espagne

Un homme de mine atroce m'apporta avec pompe un grand plat d'une sauce pourpre et étendue. Je la goûtai. Non! jamais rien de semblable n'a approché des lèvres d'un chrétien. Le pis était que cette essence de piment brûlait comme l'eau-forte, et mes lèvres en restèrent entamées pour plus de huit jours. Je revins à la charge, je fermai les yeux… Ce feu d'enfer me brûlait les dents. J'y renonçai!

Edgar Quinet, *Mes vacances en Espagne*

La dictée des moyens
Thème : La nourriture

De la saumure. Une tranche de jambon. Un saucisson de Troyes. Un magnifique cervelas. Du boudin blanc. Une andouille. Un morceau de lard. Un pot de saindoux. Du beurre rance. La cuisinière a préparé un ragoût aux oignons. De la sauce piquante. Du bœuf en daube. Des haricots à l'étuvée. Un fricandeau à l'oseille. Une rouelle de veau. Une fricassée de poulet. Des tendrons de veau. Une bonne blanquette. Une excellente matelote. Un civet de lièvre. Une gibelotte bien réussie. Un hachis. Des boulettes de viande. Un pâté de foie gras. Les champignons sont nécessaires dans un vol-au-vent. Une omelette au lard. Des crêpes. Des beignets et des flancs. Un plum-pouding. De l'huile d'olive. Mettez du sel et du vinaigre dans la salade. Des clous de girofle. Un bâton de vanille.

Le soleil

A vos répertoires !

Une vision, une proportion, un rayon, le soleil, la lumière.

La dictée des grands
Une matinée en Annam

A six heures, le soleil est là, jetant d'un seul coup, à son lever rapide, sa grande lumière magnifique et son extrême chaleur. Alors les visions de la nuit s'en vont ; les choses reprennent leurs proportions vraies. La tente où l'on a dormi est remplie de rayons. On voit briller les hampes dorées, les lances de pagode qui soutiennent les toiles tendues. Dehors, tout le campement s'éveille ; il y a déjà plusieurs feux allumés sur le sable…
La terre d'Annam paraît très belle et un peu étrange à cette heure matinale. Les hautes montagnes dessinent en l'air leurs cimes violettes, elles paraissent plus dentelées que nature comme dans un paysage que des Chinois auraient peint.

Pierre Loti, *Figures et choses qui passaient*

Semaine 3

La dictée du jour
Voitures de saltimbanques

Rien ne m'intéresse comme l'arrivée des voitures de saltimbanques. Il en est de luxueuses : on aperçoit des rideaux brodés aux fenêtres et, dans l'intérieur, tout est reluisant de glaces et de dorures.

Mais ce qui me plaît surtout, c'est la vieille voiture d'un vert poireau mal assise sur ses roues. Ses vasistas sont fermés avec un morceau de calicot rouge sale ; quelques torchons sèchent sur ses brancards usés et, sur le devant, est accrochée une cage toute déformée où une perruche déchiquette une feuille de salade. Elle recherche les encoignures, les ruelles. Souvent, elle cale ses roues le long d'un vieux mur, sur la lisière d'un terrain vague on la devine au filet de fumée qui se tortille au-dessus de son toit.

Voici, là-bas, la roulotte des chevaux de bois. Dans l'ouverture éclate le jaune d'une crinière ou le velours fané d'une selle. Les gamins s'attroupent, la bouche ouverte, immobiles, cloués d'admiration.

Toutes ces petites têtes mal peignées pétillent de curiosité. Un bambin à la culotte écorchée s'approche et tire la queue d'un des chevaux de bois ; mais le patron arrive, le geste en l'air, éclaboussant de menaces, et les polissons de s'enfuir pour aller se jucher plus loin, sur une poutre, dans un chantier abandonné. On dirait un chapelet de moineaux sur le bord d'une corniche.

Antoine Albalat, *L'Art d'écrire*

A vos répertoires

Certains noms sont toujours au pluriel :
Les environs, les décombres, les ténèbres, les fiançailles, les funérailles, les archives, les annales.

C'est la récré !

A Paris
Sur un cheval gris ;
A Nevers
Sur un cheval vert ;
A Issoire
Sur un cheval noir
Ah ! qu'il est beau ! qu'il est beau !
Ah ! qu'il est beau ! qu'il est beau !
Tiou !

Max Jacob

La morale du jour

Les voyages prouvent moins de curiosité pour les choses que l'on va voir que d'ennui de celles que l'on quitte.

Alphonse Karr

La copie des petits
Les bêtes sur le champ de foire

Les bêtes étaient là, le nez tourné vers la ficelle, et alignant confusément leurs croupes inégales. Les porcs assoupis enfonçaient en terre leur groin ; les veaux beuglaient, les brebis bêlaient ; les vaches, un jarret replié, étalaient leur ventre sur le gazon, et, ruminant lentement, clignaient leurs paupières lourdes sous les moucherons qui bourdonnaient autour d'elles. Des charretiers, les bras nus, retenaient par le licou des étalons cabrés, qui hennissaient à pleins naseaux du côté des juments. Elles restaient paisibles, allongeant la tête et la crinière pendante ; tandis que leurs poulains se reposaient à leur ombre, ou venaient les téter quelquefois ; et sur la longue ondulation de tous ces corps tassés, on voyait se lever au vent, comme un flot, quelque crinière blanche, ou bien saillir des cornes aiguës et des têtes d'hommes qui couraient.

Gustave Flaubert, *Madame Bovary*

La dictée des moyens

Thème : Mots invariables

Marie est après Marguerite et avant Céline. J'ai vu un loup dans la forêt. Ce voyageur est parti depuis un mois. Un malheur est arrivé à Louis pendant l'absence de sa maman. Une poire s'est trouvée parmi les pommes. Une bille est cachée sous la commode. Je n'aime pas cette petite fille sans ordre. Berthe a couru vers sa mère. Cette élève est hors de concours. Louis est chez Léon. Pourquoi cette désobéissance ? Quand Lucie sortira, Aimé reviendra. On est toujours heureux lorsqu'on est vertueux. Vous ne travaillez pas ; alors il faudra vous punir. Cet apprenti est assez régulier. Caroline est aussi bonne que Clémence. On ne trouvera pas cette marchandise ailleurs. Charles est parti aussitôt après Jacques. Le pauvre malade souffrira autant aujourd'hui qu'hier. Racontez-nous une histoire d'autrefois. Trop de bonté devient faiblesse. Marthe aime beaucoup sa petite sœur. Une faute bientôt réparée est promptement oubliée. Louise est déjà grande et cependant elle est peu sage. Combien coûte ce vase ? Comment va madame votre mère ?

À vos répertoires
Une bête, un porc, un veau, une brebis, un moucheron, un poulain.

Un porc

La dictée du certif
Bohémiens et bohémiennes

Les hommes sont grands, forts, la face ronde, les cheveux très longs, bouclés, d'un noir lisse et huileux. Ils sont vêtus de toutes les défroques ramassées en chemin. Un d'eux se promenait drapé dans un rideau de cretonne à grands ramages jaunes. Un autre avait une veste qui devait provenir de quelque habit noir dont on avait arraché la queue. Plusieurs ont des jupons de femmes. Ils sourient dans leurs longues barbes claires et soyeuses…
Les femmes sont également grandes et fortes. Les vieilles, séchées, hideuses, ressemblent à des sorcières cuites aux feux de l'enfer. Les jeunes font les coquettes : elles ont les cheveux nattés en deux grosses nattes tombantes rattachées derrière les oreilles, étranglées de place en place par des bouts de chiffons rouges. Dans leurs jupons de couleur, les épaules couvertes d'un châle noué à la ceinture, coiffées d'un mouchoir qui les serre au front, elles ont un grand air de reines barbares tombées dans la vermine…
Et les enfants, tout un troupeau d'enfants, grouillent. J'en ai vu un en chemise avec un gilet d'homme immense qui lui battait les mollets ; il tenait un beau cerf-volant bleu. Un autre, un tout petit, deux ans au plus, allait nu, et il était si sale, le cher petit, si vert et si rouge, qu'on l'aurait pris pour un bronze florentin, une de ces charmantes figurines de la Renaissance.

Emile Zola, *Nouveaux contes à Ninon*

Semaine 4

La dictée du jour

Les plus belles olives du monde

Les campagnes qui environnent Uzès sont toutes couvertes d'oliviers qui portent les plus belles olives du monde, mais bien trompeuses pourtant, car j'y ai été attrapé moi-même. Je voulus en cueillir quelqu'une au premier olivier que je rencontrai et je la mis dans ma bouche, avec le plus grand appétit que l'on puisse avoir. Dieu me préserve de sentir jamais une amertume pareille à celle que je sentis ! J'en eus la bouche toute perdue pendant quatre heures durant, et l'on m'a appris depuis qu'il fallait bien des lessives et des cérémonies pour rendre les olives douces comme on les mange. L'huile qu'on en retire sert ici de beurre, et j'appréhendais bien ce changement, mais j'en ai goûté aujourd'hui dans les sauces, et, sans mentir, il n'y a rien de meilleur. On sent bien moins l'huile qu'on sentirait le meilleur beurre de France. Mais c'est assez parlé d'huile et vous me pourriez reprocher plus justement qu'on ne faisait à un ancien orateur que mes ouvrages sentent trop l'huile.

Jean Racine, *Correspondance (Lettre à Jean de La Fontaine)*

OLIVES
NOIRES

Orthographe

Au passé simple, tous les verbes du premier groupe ont les mêmes terminaisons :

-ai, -as, -a, -âmes, -âtes, -èrent

Au passé simple, tous les verbes du deuxième groupe ont les mêmes terminaisons :

-is, -is, -it, -îmes, -îtes, -irent

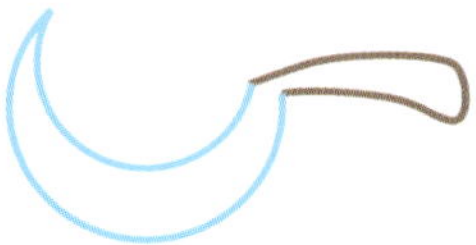

Une faucille

La copie des petits

Moissonneurs à la faucille

Les travailleurs étaient depuis longtemps déjà à l'ouvrage, et l'on voyait de loin émerger des vagues du blé leurs têtes crépues ou rases et leurs torses nus, couleur de brique cuite. Ils se penchaient et se relevaient avec un mouvement régulier, sciant le blé de leurs faucilles au-dessous de l'épi, avec autant de régularité que s'ils eussent suivi une ligne tirée au cordeau.

Théophile Gautier, Le Roman de la momie

La dictée des grands

Le pays natal

Combien j'ai douce souvenance
Du joli lieu de ma naissance !
Ma sœur, qu'ils étaient beaux les jours
De France !
O mon pays, sois mes amours,
Toujours.
Te souvient-il que notre mère
Au foyer de notre chaumière
Nous pressait sur son cœur joyeux,
Ma chère ?
Et nous baisions ses blancs cheveux,
Tous deux ?

Chateaubriand,
Le Montagnard exilé

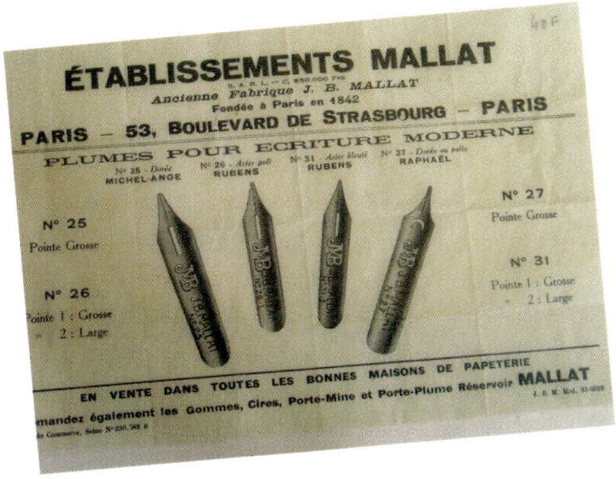

La morale du jour

Le paresseux voudrait bien manger l'amande, mais il craint jusqu'à la peine de casser le noyau.

La copie des petits

Un des moments les plus doux de ma vie, ce fut il y a plus de trente ans, et je m'en souviens comme d'hier, lorsque mon père me vit arriver du collège les bras chargés de prix que j'avais remportés, et les épaules chargées de couronnes qu'on m'avait données, et qui, trop larges pour mon front, avaient laissé passer ma tête. Du plus loin qu'il m'aperçut, il laissa son ouvrage, il s'avança sur sa porte, et se mit à pleurer. C'est une belle chose qu'un homme de bien et sévère qui pleure !

Denis Diderot, Correspondance (Lettre à Sophie Volland)

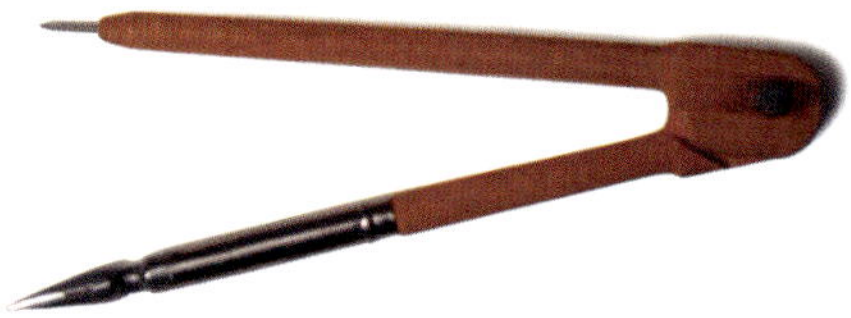

La dictée des moyens
Après le certif

La plupart des candidats s'étaient dispersés avec leurs instituteurs dans les cafés et restaurants des environs. Quelques-uns étaient restés devant l'école. Assis à l'ombre des charrettes, ils avaient déballé devant eux des paniers de provisions et mangeaient en silence, une serviette nouée autour du cou. Il faisait chaud et on n'entendait que le cri monotone d'une poule en train de pondre dans une ferme voisine.

Au banquet, on dut boire beaucoup, car, lorsque l'inspecteur et les instituteurs revinrent à l'école, ils avaient la mine rouge et parlaient avec une gaieté inhabituelle. J'entendis au passage le gros M. Moujenc qui disait :

– Quand on enterrera Léon Blum, les tambours feront blum, blum, blum !

Jean L'Hôte, *La Communale*

C'est la récré !

A la queue leu leu,
Mon petit chat bleu
S'il est bleu,
Tant mieux ;
S'il est gris,
Tant pis.

Orthographe

On / On n'

Quand le sujet d'un verbe commençant par une voyelle est le pronom indéfini « on », on peut remplacer on par il pour savoir s'il faut ajouter la négation n'.

Exemples :

C'était une belle nuit d'été comme on n'en voit que dans le Brionnais.

On aime les bonbons quand on est petit.

Des bonbons

La dictée du certif

Le grand jour est arrivé

Le Jean Royer se pencha sur sa copie. Après quelques instants de travail, il se laissa à nouveau aller à son imagination et se mit encore à imiter le moteur d'une automobile. Mais il s'aperçut aussitôt de son inconvenance et plaça sa main devant sa bouche pour achever sa composition française. Pendant ce temps, M. l'inspecteur éternuait de plus en plus. Au début, il fit plusieurs fois le tour de la classe à grandes enjambées, mais cela ne suffit pas à le réchauffer. Il sortit et vint à notre cuisine demander un café chaud à ma mère. Celle-ci s'affola, croyant déjà l'inspecteur malade.

– C'est sûrement l'averse de ce matin. Vous auriez dû vous sécher complètement avant d'entrer en classe, monsieur l'inspecteur.

– Je ne suis jamais arrivé en retard aux épreuves du certificat d'études primaires, madame. Ce n'est pas, après vingt-cinq ans de métier, un petit orage qui me fera perdre cette belle habitude.

Les épreuves écrites se terminaient à onze heures et demie. Dès qu'ils sortirent de la salle d'examen, les élèves allèrent dans la cour former autour de leurs maîtres des petits groupes où chacun rendait compte de l'heure à laquelle il avait fait se rencontrer les trains. De la fenêtre de l'école, on devinait aisément que les résultats rapportés ne concordaient pas toujours. On apercevait plusieurs groupes au milieu desquels l'instituteur

dessinait sur le sable de la cour le trajet des deux locomotives.
A midi, mon père fit un saut à la maison, pour prendre son chapeau.
– Je me sauve, dit-il, on m'attend pour le banquet. Je crois qu'ils ont tous trouvé le bon résultat pour le problème. Il n'y a que ce nigaud de Jean Royer qui a changé les locomotives en automobiles. Je pense que le jury ne tiendra compte que de l'heure de la rencontre.
Mon père partit en courant rejoindre les autres instituteurs au banquet annuel du certificat d'études.
Je restai seul avec ma mère. Loin d'éprouver du regret de ne pas être invités au banquet, nous nous réjouissions au contraire de ce repas que nous prenions tous les deux, car c'était le seul de l'année où nous mangions des artichauts, le légume que mon père détestait.

Jean L'Hôte, *La Communale*

Semaine 5

La dictée du jour
La remise des prix

A son banc, le petit s'était levé ; il marcha vers l'estrade avec une crânerie charmante et reçut un beau livre rouge.
La voix commença :
« Prix de calcul : Maurice Meunier ; prix d'histoire : Maurice Meunier ; prix de leçons de choses : Maurice Meunier. »
Neuf fois, la voix répéta son nom, sonore et fatidique.
L'enfant avait tous les prix.
Il gagnait l'escalier, prêt à descendre, quand la voix le reprenait, le ramenait près de la table, devant les fauteuils des notables, qui lui caressaient la joue.
Il arrondit ses petits bras pour retenir la masse de livres, qui croula sur sa hanche et qu'il s'efforça vainement de retenir du genou.
Debout, au bord de l'estrade, ayant toujours la couronne de papier qui auréolait son front, il parut chercher quelqu'un dans la salle et, quand il eut trouvé son père, il lui tendit la brassée de livres comme pour lui faire hommage de son succès.
Mme Jondet demanda : « Qui est cet enfant qui remporte tant de prix ? »
Joson se retourna vers la bijoutière et la regarda fixement : « Madame, c'est mon petiot. »
Oui, elle pouvait braquer sur lui sa lorgnette d'écaille. Avec ses bijoux, ses toilettes, sa maison dont l'étalage jetait dans la rue un ruissellement d'or, elle n'avait pas la fierté qui le rehaussait, lui, le simple commis, le tâcheron

FERNAND NATHAN
LE CALCUL QUOTIDIEN

qui déchargeait les voitures.
Il répéta tout haut, comme s'il avait voulu dominer le fracas des cuivres et se faire entendre de toute la salle :
« C'est mon petiot ! C'est mon petiot ! »
Minute enivrante. Cet instant le payait au centuple. Il eut la sensation de tenir dans sa main son long effort d'une année. Oui, les privations, les soucis rongeurs, les matins d'onglée et les soirs accablants, cela ne pesait rien, ne comptait pas, au prix de cette joie, de cet enthousiasme qui le faisait l'égal des bourgeois carrés dans leurs fauteuils.

Emile Moselly
Histoire d'un paysan lorrain

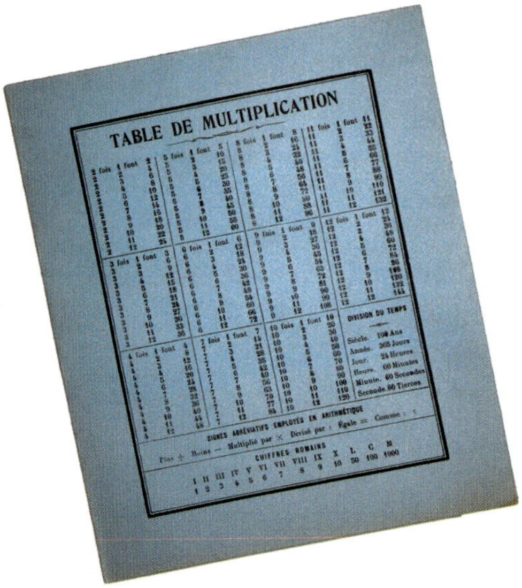

Orthographe

Il faut écrire « prêt » quand on peut le mettre au féminin. Il s'agit alors de l'adjectif qualificatif.
Exemple : Il gagnait l'escalier, prêt à descendre.
(Elle gagnait l'escalier, prête à descendre.)

« Près » peut être remplacé par « à côté de ».
Exemple : Mon cousin habite près de la gare.
(Mon cousin habite à côté de la gare)

La lecture du samedi après-midi

Le petit ignorant

Le père de Thomas était au lit ; il avait pris un refroidissement en travaillant aux champs. Le médecin lui ordonna deux médicaments que le petit Thomas courut vite chercher à la pharmacie du village et qu'il rapporta dans deux fioles.
L'une des fioles contenait un sirop qui devait être pris par cuillérée. Dans l'autre, il y avait une sorte d'huile noirâtre avec laquelle le père malade devait se frotter le corps. Sur cette seconde fiole, on voyait collé un papier rouge, et sur le papier on lisait ces mots : Poison pour l'usage externe. Mais Thomas ne savait pas lire ; il n'avait pas appris ce que signifie le papier rouge collé sur la fiole.
Lorsqu'il apporta les médicaments à son père, celui-ci souffrait tellement qu'il n'eut pas la force de les regarder et qu'il dit à l'enfant :
« Verse-moi une cuillérée de la potion. »
Thomas apporta une cuillérée de la fiole sur laquelle il y avait écrit : Poison. Le père but la cuillérée précipitamment ; bientôt après, il tomba dans un profond sommeil. Thomas se réjouissait de le voir dormir ainsi ; mais son père ne se réveilla pas de toute la journée et, tout en dormant, il se plaignait.
Quand le médecin revint le soir, il fut bien surpris de trouver son malade si profondément endormi ; il l'examina, puis courut vers la cheminée où se trouvait la fiole entamée.
« Malheureux enfant, s'écria-t-il, vous avez empoisonné votre père. »
Vite le médecin desserra les dents du malade, et il lui fit prendre un contrepoison. Le père faillit mourir ; il resta longtemps à se remettre. Pendant ce temps, le pauvre Thomas était bien anxieux et bien désolé. Lorsque le père fut remis et put enfin marcher, sa première sortie fut pour conduire le petit Thomas à l'école du village.

Erckmann-Chatrian,
Histoire d'un conscrit

La copie des petits

Je m'éveillais; j'aimais le papier de la chambre:
Je me disais : « Il est sept heures du matin ;
Ce sera tout un jour à courir dans le thym,
Près du merisier rose et près de la cigale,
Tout un jour à goûter la feuille et le pétale,
A poursuivre la joie autour de rosiers ronds,
A danser dans l'azur avec des moucherons… »

Anna de Noailles, *Matin d'enfant*

Des moucherons

Une cigale

Des cerises

La dictée des moyens
L'école buissonnière

Tous mes cahiers de classe au fond du bateau, la veste à bas, le chapeau en arrière, et, dans les cheveux, le bon coup d'éventail de la brise d'eau, je tirais ferme sur mes rames, en fronçant les sourcils pour bien me donner la tournure d'un vieux loup de mer… Par moments, à la vigueur de mes efforts, à l'élan de l'eau sous ma barque, je me figurais que j'allais très vite; mais, en relevant la tête, je voyais toujours le même arbre, le même mur en face de moi, sur la rive. Enfin, à force de fatigues, tout moite et rouge de chaleur, je parvenais à sortir de la ville. Le terrible, par exemple, c'était le retour, la rentrée; j'avais beau revenir à toutes rames, j'arrivais toujours trop tard, longtemps après la sortie des classes.

Alphonse Daudet, *Contes choisis*

La dictée des grands

Les candidats et les instituteurs

Le grand jour du certificat d'études primaires arriva enfin. Dès sept heures du matin, les candidats commencèrent à arriver des campagnes voisines. Les fils de riches fermiers venaient en cabriolet, avec leur père. Les autres étaient montés sur d'ordinaires chars à bancs conduits par l'instituteur lui-même. Il y eut bientôt devant l'école un grand rassemblement d'enfants endimanchés, de paysans, de bœufs, de chevaux et de voitures. On reconnaissait les candidats au cartable de cuir bouilli qu'ils portaient précieusement sous le bras et sur lequel on pouvait lire l'inscription publicitaire d'une marque d'apéritif ou de machines agricoles. Le fils d'un gros propriétaire fit une arrivée très remarquée debout sur un tracteur, à côté de son père qui, en allant aux champs, avait fait un détour pour le conduire à l'école.
Les instituteurs membres du jury s'étaient rassemblés dans notre salle à manger et parlaient de leurs candidats comme de jeunes poulains qu'ils présentaient au comice agricole.
– J'en ai un, dit l'instituteur d'Avricourt, un véritable phénomène. Il a une mémoire d'éléphant. Il sait ses dates et ses départements mieux que moi. Il peut les réciter à l'endroit, à l'envers…
– Moi, dit l'instituteur de Frémonville, je leur ai appris à rédiger en vers leur composition française. J'en ai un en particulier qui raconte en alexandrins une journée de fenaison… Il faudrait que vous voyiez ça !

Jean L'Hôte,
La Communale

La dictée du jour
La fameuse dictée de Mérimée

Cette dictée que l'on a longtemps appelée la « dictée de Compiègne » a été composée en 1857 par Prosper Mérimée. Lorsque la cour impériale séjournait à Compiègne ou à Fontainebleau, Napoléon III et son entourage s'amusaient à des jeux divers, dont des concours orthographiques. Voici la fameuse dictée également nommée « dictée de l'Académie » et dont il existe plusieurs versions :

Pour parler sans ambiguïté, ce dîner à Sainte-Adresse près du Havre, malgré les effluves embaumés de la mer, malgré les vins de très bons crus, les cuisseaux de veau et les cuissots de chevreuil prodigués par l'amphitryon, fut un vrai guêpier.
Quelles que soient, quelque exiguës qu'aient pu paraître, à côté de la somme due, les arrhes qu'étaient censés avoir données à maint et maint fusilier subtil la douairière ainsi que le marguillier, bien que lui ou elle soit censée les avoir refusées et s'en soit repentie, va-t'en les réclamer pour telle ou telle bru jolie par qui tu les diras redemandées, quoiqu'il ne siée pas de dire qu'elle se les est laissé arracher par l'adresse desdits fusiliers et qu'on les aurait suppléées dans toute autre circonstance ou pour des motifs de toutes sortes. Il était infâme d'en vouloir pour cela à ces fusiliers jumeaux et malbâtis et de leur infliger une raclée alors qu'ils ne songeaient qu'à prendre des rafraîchissements avec leurs coreligionnaires. Quoi qu'il en soit, c'est bien à tort que la douairière, par un contresens exorbitant, s'est laissé entraîner à prendre un râteau et qu'elle s'est crue obligée de frapper l'exigeant marguillier sur son omoplate vieillie. Deux alvéoles furent brisés, une dysenterie se déclara, suivie d'une phtisie. Par saint Martin, quelle hémorragie ! s'écria ce bélître. A cet événement, saisissant son goupillon, ridicule excédent de bagage, il la poursuivit dans l'église tout entière.

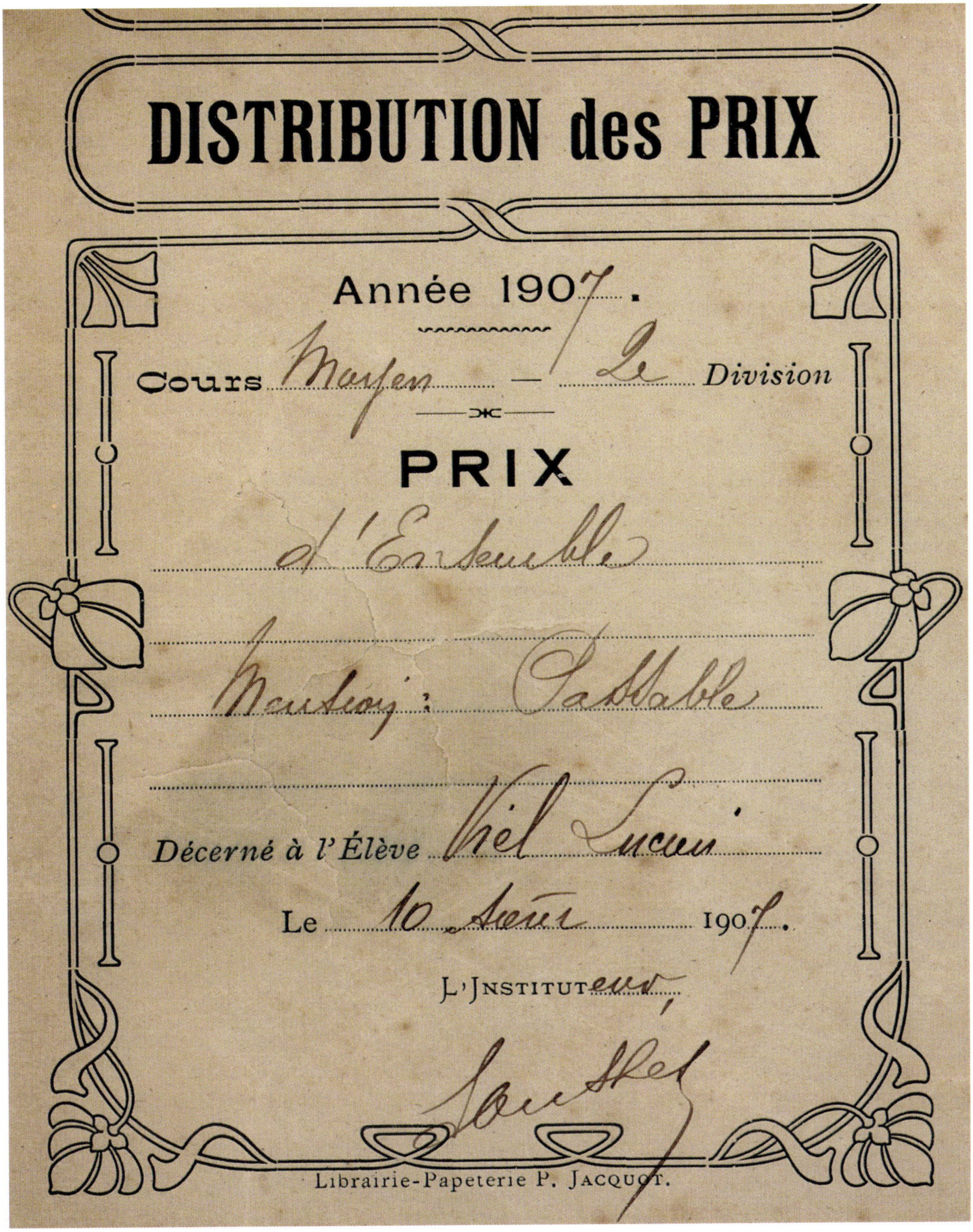

DISTRIBUTION des PRIX

Année 1907.

Cours Moyen – 2e Division

PRIX

d'Ensemble

Mention : Passable

Décerné à l'Élève Viel Lucien

Le 10 Août 1907.

L'Instituteur,

Librairie-Papeterie P. Jacquot.

Cette dictée est difficile notamment parce qu'elle comporte des mot que l'on emploie rarement – voire jamais – et que même les privilégiés bénéficiant d'une bonne orthographe « naturelle » hésitent entre différentes graphies. Il y a également des difficultés de participes que Pauline de Metternich, qui était présente lors du jeu, n'hésite pas à qualifier de « véritablement torturantes » dans ses Souvenirs.
Voici d'ailleurs ce qu'elle raconte quant à l'évaluation de ladite dictée
Mérimée commença. L'empereur, l'impératrice, quelques-uns des invités, personnages graves et paraissant très sûrs de leur affaire, Alexandre Dumas fils, Octave Feuillet, mon mari et moi, nous étions placés autour de la grande table du salon, et, armés de crayons, nous écrivions sous la dictée de celui-ci.
Quand il eut fini, il prit les différentes feuilles, et en les parcourant corrigeait et recorrigeait sans cesse. L'inquiétude s'empara des pauvres élèves... Le travail de correction terminé, Mérimée se leva et déclara à haute voix le nom du lauréat, lequel, à la stupéfaction générale, était celui du prince de Metternich ! [Il était autrichien.] Il lut : « Sa Majesté l'empereur a fait quarante-cinq fautes, Sa Majesté l'impératrice soixante-deux, la princesse de Metternich quarante-deux, Alexandre Dumas vingt-quatre, M. Octave Feuillet dix-neuf (je passe les autres) et le prince de Metternich trois... »

Année 1911

DISTRIBUTION SOLENNELLE des PRIX

Ecole publique

de Mandres

Dirigée par R. Morand

CLASSE 2e DIVISION

Prix d 1 – Recitation 2 Ecriture
1. Lecture

décerné à Guincêtre Robert

Mandres le 14 Juillet 1911.

Breteuil. — Imprimerie, librairie, reliure, encadrements, D. CHESNOT.

ÉCOLE COMMUNALE

de Mandres

DISTRIBUTION DES PRIX

- . - Classe 2e Division

PRIX

1 - Arithmétique | 2 - Système métrique
1 - Géographie
1 - Écriture | 4777 points
2 - Lecture
2 - Histoire

Décerné à

Guincêtre Marcel

Le 7 Août 1921

R. Morand

PAUL DUVAL. — ELBEUF

table des matières

sources et copyrights

Edmond About
Le Roman d'un brave homme

Germaine Acremant
La Hutte d'acajou (Editions Plon)

Albalat
L'Art d'écrire

Aristote
Ethique à Nicolae

Marguerite Audoux
Marie-Claire (Fasquelle)

Batisto Bonnet
Vie d'enfant

Henry Bordeaux
Des sables à la mer
La Maison

Albert Camus
Correspondance (Gallimard)

Francis Carco
A voix basse (Albin Michel)

François-René de Chateaubriand
Le Génie du christianisme
Mémoires d'outre -tombe

Gaston Chérau
Valentine Pacquault

Maurice Constantin-Weyer
Clairière
Manitoba (PUF)
Un homme se penche sur son passé

Alphonse Daudet
Contes du lundi
Lettres de mon moulin
Le Nabab
Le Petit Chose

Denis Diderot
Correspondance

Erckmann-Chatrian
L'Ami Fritz
Contes des bords du Rhin
Madame Thérèse

Gustave Flaubert
Madame Bovary

Anatole France
Le Crime de Sylvestre Bonnard (Calmann-Lévy)

Eugène Fromentin
Dominique
Un été dans le Sahara

Lucien Gachon
Maria

Judith Gautier
C'est la fête !

Théophile Gautier
Le Roman de la momie

Louis Hémon
Maria Chapdelaine (Grasset)

Victor Hugo
Les Misérables

Joris-Karl Huysmans
Croquis parisiens

Lacordaire
Eloge funèbre du général Drouot

Alphonse de Lamartine
Les Confidences

Ernest Lavisse
Souvenirs (Calmann-Lévy)

Marie Le Franc
Grand-Louis l'Innocent (Ferenczi)

Eugène Le Roy
Jacquou le Croquant

Georges Le Sidaner
A la volette (Julliard)

Jean L'Hôte
La Communale

André Lichtenberger
La Petite Sœur de Trott (Plon)

Pierre Loti
Figures et choses qui passaient

Le Roman d'un enfant (Calmann-Lévy)

Maurice Maeterlinck
Sur la mort d'un petit chien

Guy de Maupassant
Contes choisis

Frédéric Mistral
Mémoires et récits

Ernest Pérochon
Le Livre des quatre saisons

Edgar Quinet
Mes vacances en Espagne

Jean Racine
Correspondance

Henri de Régnier
Le Passé vivant

Jules Renard
Histoires naturelles

Ladislas Reymont
L'Automne (Payot)

J.H. Rosny Jeune
Les Leçons de la vie

Mme de Sévigné
Lettres

Hippolyte Taine
Essais de critique et d'histoire
Histoire de la littérature anglaise
Voyage aux Pyrénées

André Thieuret
Sous-bois

Maxence Van der Meersch
Corps et Ames (Albin Michel)

Voltaire
Correspondance

Emile Zola
La Faute de l'abbé Mouret
La Terre
Une page d'amour

remerciements

Nos remerciements s'adressent particulièrement
à Andrée Maïofiss, qui s'est chargée
de la recherche iconographique
avec patience et efficacité.

Merci aussi à
Lisa Maïofiss-Dullin,
Véronique François du Boulevard des écritures,
Claude Margerie du Club des collectionneurs d'objets d'écriture
et Renée Charbonnel pour le prêt de leurs collections.

Photo de la couverture : Robert Doisneau / Agence Rapho.

Cet ouvrage a été réalisé par Copyright.
Conception graphique : Ute-Charlotte Hettler et Marina Delranc
Mise en page : Jean-Philippe Gauthier
Coordination éditoriale : Sophie Charbonnel et Gracieuse Licari
Réalisation Photogravure : Frédéric Bar
Fabrication : Céline Roche